改訂版

執行役員
規程とつくり方

荻原 勝 著

経営書院

改訂にあたって

　執行役員制度は、本社の部長、支店長、工場長、研究所長など、業務の第一線の最高責任者に幅広い権限を与え、取締役社長の包括的な指示に基づいて、その業務を遂行させるという制度です。

　執行役員制度は、

　・会社としての意思決定を迅速に行える

　・経営環境の変化に迅速・的確に対応できる

　・部門の最高責任者に大きな権限を与えることにより、会社の競争力を強化できる

など、さまざまな効果が期待できます。このため、業種や会社の規模にかかわらず、多くの会社で採用されています。

　執行役員制度を適正に運用するためには、執行役員の権限の範囲、業務目標の設定基準、服務規律、任命基準、報酬の決定基準などを社内規程として取りまとめておくことが必要です。当然のことですが、規程の内容は公正で合理的なものでなければなりません。

　本書は、執行役員制度に関する規程を紹介したものです。規程の内容に応じて、次の9章構成としました。

　　第1章　執行役員制度

　　第2章　職務権限と業務の執行

　　第3章　服務規律・コンプライアンス

　　第4章　任免

　　第5章　報酬・賞与・退職慰労金

　　第6章　出張と出張旅費

　　第7章　福利厚生

　　第8章　健康管理・休暇・自己啓発支援等

　　第9章　執行役員会

　いずれの規程も、はじめにその趣旨（目的・必要性）を述べたう

えで、規程に盛り込むべき主な内容を解説しました。そのうえで、モデル規程を紹介しました。

　今回、初版発行以降の環境変化を踏まえて、改訂版を出すこととしました。

　現在、会社経営を取り巻く環境には、大変厳しいものがあります。その中で、経営の最前線の最高責任者である執行役員が果たす役割がさらに一層重くなっています。

　これに伴い、社内規程の中で、執行役員規程の重要性が増しています。

　本書が、初版と同じように、執行役員制度に係る社内規程作成の実務において役に立つことができれば幸いです。

　最後に、本書の出版に当たっては、経営書院の皆さんに大変お世話になりました。ここに記して、厚く御礼申し上げます。

　2023年　春

荻原　勝

目　次

改訂にあたって

第1章

執行役員制度

執行役員制度規程

1　規程の趣旨

（1）取締役会の現状

　株式会社の場合、取締役会は、経営の最高の意思決定機関として位置付けられています。

　取締役会は、本来的に、取締役全員で会社の経営方針や経営計画を討議し、決定を下すための機関です。しかし、現状は、取締役の大半がいわゆる「兼務役員」であるため、「経営を管理監督する機能」と「一定の事業を執行する機能」とが混在しています。

　また、取締役全員で経営方針や経営計画を徹底的に討議し、一定の結論を下すためには出席者が一定人数以下であることが必要です。取締役が30人も40人もいては、自由闊達な議論や、相互のディスカッションはとても期待できません。

　現状をみると、取締役の人数があまりにも多いために、取締役会が形骸化、形式化している会社が少なくありません。議論らしい議論をすることなく、ただ単に取締役社長の報告を聞くだけで散会しています。

（2）執行役員制度の趣旨

　現在、経営をめぐる環境にはきわめて厳しいものがあります。このような状況の中で会社が、従業員の雇用を守りつつ、持続的に成長発展していくためには、意思決定機関である取締役会を活性化させる必要があります。

　また、現在、経営の健全性・透明性の確保（コーポレートガバナ

ンス）が強く求められていますが、コーポレートガバナンスの面からも、「経営を管理監督する機能」と「一定の事業を執行する機能」とを明確に分離することが望ましいといわれます。

　こうした問題意識から企画されたのが「執行役員制度」です。

　執行役員制度は、

・総合的、大局的見地から経営方針を議論し、かつ、経営全体を管理監督する者（取締役）

・大きな権限を与えられて一定の事業や業務を責任をもって遂行する者（執行役員）

とを区分することにより、経営の効率化、意思決定の迅速化およびコーポレートガバナンスの実現を期するというものです。

（3）執行役員制度の効果

　執行役員制度は、

・経営の健全性、公正性の確保

・経営の効率化、意思決定の迅速化

・業務執行区分の明確化

・取締役会の機能の強化

・業務の遂行に優れた人材の登用

・会社の競争力の強化、業績の向上

などの効果が期待できる制度です。執行役員制度を導入する会社が増えています。

　執行役員制度を導入するときは、あらかじめ、合理的、現実的な観点から制度の枠組み（フレームワーク）を決めておくことが必要です。

2　規程の内容

（1）制度の目的の明確化

　どのような分野においても、新しい制度を導入するときは、はじ

3

めに、その目的を明確にすることが大事です。目的が明確にされていないと、導入しても成功しません。「他社が導入しているから」とか、「時代の流れになっているから」というような理由で導入しても、成功するはずはありません。

　執行役員制度についても、同様です。導入するときは、あらかじめその目的を明確にしておくべきです。

　執行役員制度の目的としては、一般的に、

　　・経営の健全性、公正性を確保すること

　　・経営の効率化、意思決定の迅速化を図ること

　　・業務執行区分の明確化を図ること

　　・取締役会の機能を強化すること

　　・業務の遂行に優れた人材を登用すること

　　・会社の競争力を強化し、業績の向上を期すること

などがあります。

（2）執行役員の選任基準

　執行役員制度は、特定の管理部門あるいは事業部門の責任者に幅広い裁量権を与え、その部門の業務を執行させるという制度です。

　このような制度の趣旨に沿って、執行役員の選任基準を定めます。選任基準は、合理的なものでなければなりません。制度の目的からすると、次のような基準を設けるのが合理的です。

　　・豊かな業務経験を有すること。会社の業務に精通していること

　　・経営感覚が優れていること

　　・指導力、統率力、行動力および企画力に優れていること

　　・執行役員にふさわしい人格、識見を有すること

　　・心身ともに健康であること

　執行役員は、幅広い裁量権を与えられて、特定の事業部門、管理部門の業務を執行する者です。豊かな業務経験がなければ、その任務を遂行することは難しいでしょう。また、会社の業務や組織に精

通していない場合も、その任務を効率的、効果的に遂行することが困難です。

執行役員に経営感覚が要求されることは、当然のことです。経営感覚が劣っていると、その責任を達成することは困難です。

さらに、執行役員は、業務執行のリーダーであり、責任者であり、部下を指揮命令する立場にあります。このため、指導力、統率力、行動力、企画力が要求されます。

（3）選任の手続き

会社法は、「支配人その他の重要な使用人の選任および解任」は、取締役会の決議によって行わなければならないと定めています（第362条第4項第3号）。

執行役員の選任は、会社にとってきわめて重要な人事です。このため、取締役会の決議によることを定めます。取締役会に諮ることなく、社長が独断で執行役員を指名し、辞令を交付するようなことがあってはなりません。

なお、取締役会に対する執行役員の推薦については、

・社長が行う

・特別の委員会を設けて選任を行う

などがあります。

（4）取締役との兼任

取締役と執行役員との兼任については、「経営の健全性、公正性を確保するため、取締役は執行役員を兼任すべきでない。取締役は、経営全体の管理・監督に専念すべきである」という意見と、「意思決定の迅速化、人材の有効活用のため、必要に応じ、執行役員の兼任を認めるべきである」という意見とがあります。

どちらが正しく、どちらが正しくないということは、一概には断定できません。自らの会社の組織風土や経営方針などを踏まえて判断すべきです。

5

（5）定数

執行役員の定数を決めるか決めないかを明確にします。

執行役員制度は、一般に、部長、支店長、工場長、研究所長などのポストにある者に大きな権限を与え、その業務を遂行させるというものです。したがって、定数は特に設ける必要はないといえます。

（6）任期

取締役の任期は、会社法によって、2年以内（非公開会社は10年以内）と定められています。任期を定めることなく取締役を選任することは、会社法違反です。

これに対し、執行役員は、会社法上の役員ではないから、任期を定めなくても、法律に違反することはありません。

任期を定めるか定めないかは、それぞれの会社の自由です。執行役員は、一般の部課長とは異なり、幅広い裁量権を与えられて担当部門の業務を執行する者ですから、比較的短期の期間を定めて任用し、任期中の成果を評価して再任の可否を判断することが望ましいといえます。

任期を定めないと、就任期間、在任期間が長くなるにつれて、執行役員としての自覚と緊張感が薄れ、業務への取り組みがマンネリになる可能性があります。業務への取り組みがマンネリになると、優れた成果を収めることが難しくなります。

これらの事情を考慮すると、取締役と同じように任期制を採用するのがよいでしょう。

（7）会社との関係

執行役員と会社との関係については、雇用関係、委任関係などが考えられます。

一般的には、部長、支店長、工場長、研究所長などのポストにある者（従業員）を執行役員として任用し、社長の指揮命令の下に業務を執行させるケースが多いでしょう。社外から業務のスペシャリ

6

ストを招聘するというケースは少ないでしょう。このため、会社と
執行役員との関係は、基本的に雇用関係とするのが現実的でしょう。

（8）役位

執行役員の処遇については、

・役位を設ける

・役位は特に設けない

の2つがあります。役位を設ける場合には、

・2段階（上席執行役員、執行役員、または、常務執行役員、執行役員）

・3段階（専務執行役員、常務執行役員、執行役員）

などがあります。

（9）退任の要件

執行役員の退任の要件を定めます。一般的には、次のいずれかに
該当するときは退任とします。

・任期が満了したとき

・辞任を申し出て取締役会で承認されたとき

・定年に達したとき

・死亡したとき

・取締役会で解任されたとき

（10）定年

執行役員について定年制を適用するかしないかを明確にします。
定年制を設けないと、執行役員の高齢化に歯止めをかけることがで
きなくなります。また、執行役員の人事ローテーションが停滞する
可能性があります。

執行役員は、業務の執行責任者です。名誉職的なポストではあり
ません。したがって、その年齢構成がいたずらに高齢化したり、そ
の人事が停滞したりすることは、会社にとって好ましいことではあ
りません。このため、定年制を実施するのがよいでしょう。なお、

実施する場合、任期中に定年に達したときは、任期満了後に退任するものとします。

(11) 解任

執行役員が次のいずれかに該当するときは、取締役会の決議により、その職を解任するものとします。

- ・会社の信用と名誉を傷つける行為のあったとき
- ・会社の営業上の秘密を他に漏らしたとき
- ・故意または重大な過失によって、会社に損害を与えたとき
- ・合理的な理由がないのに、社長の指示に従わないとき
- ・業務上の成績が著しく不振であるとき

(12) 職務分担

執行役員の職務分担は、取締役会において決議します。また、取締役会は、必要に応じて執行役員の職務分担を変更または追加することができるものとします。

(13) 職務権限

執行役員の職務を円滑に遂行するためには、一定の権限を付与されていることが必要です。社長の決裁を得なければ何一つ実行できないというのでは、執行役員としての職務を効率的に遂行することはできません。

このため、執行役員は、取締役会において決議された職務分担の範囲内で会社の業務を執行することができるものとします。

(14) 責任と義務

執行役員に対し、「取締役会において決議された職務を、取締役社長および取締役会の統括の下に誠実に遂行し、もって社業の発展に努める責任と義務」を課します。

(15) 報告義務

執行役員に対し、「取締役社長および取締役会に対し、その職務の執行状況を適宜適切に報告する義務」を課します。

(16) 報酬

報酬の体系については、

・基本給と手当とで構成する

・「執行役員報酬」一本とする

などがあります。

報酬の体系は、簡素であることが望ましいといえます。また、取締役の場合、報酬は「取締役報酬」一本であり、諸手当は支給されません。このため、執行役員についても報酬一本とします。

報酬の形態については、

・1ヶ月単位で決める（月給制）

・半期単位で決める（半期年俸制）

・1年単位で決める（年俸制）

などがあります。

一般的にいえば、取締役の報酬形態と同一とするのが合理的です。例えば、取締役の報酬形態が月給制であれば、執行役員も月給制とします。また、取締役が年俸制であれば、執行役員も年俸制とします。

なお、取締役が執行役員を兼任する場合、取締役分の報酬は別に支払うことにするのが合理的です。取締役の職務と執行役員の職務とは、本質的に異なるからです。

(17) 報酬の基準

報酬は、次の事項を勘案して決定するのが合理的です。

・職務の内容（遂行の困難さ、責任の重さ）

・社員給与の最高額

・取締役の報酬

執行役員は、一般の部課長とは異なり、幅広い裁量権を与えられて担当部門の業務を執行します。その遂行の困難性、責任の重大性に配慮し、報酬の面で優遇すべきです。執行役員の報酬が一般の部

課長の給与と大差ないというのは好ましくありません。

　部長や工場長や支店長を執行役員に任用したときは、「執行役員に昇格した」と実感できるような報酬を支払うべきです。

(18) 賞与

　賞与の取り扱いについては、

　・営業成績にかかわりなく一定額を支給する

　・営業成績が良好であった場合に限って支給する

の２つがあります。

　利益が出ていなくても賞与を支給できるわけですが、それでは執行役員制度の趣旨に反します。

　やはり、営業成績が良好であった場合に限って、賞与を支給すべきです。

　なお、取締役が執行役員を兼任する場合は、取締役分の賞与は別に支払うことにします。

(19) 社会保険

　執行役員と会社との関係を雇用関係とする場合には、健康保険、厚生年金保険、雇用保険および労災保険に加入することができます。また、社会保険は、加入していたほうが便利です。

　このため、社会保険に加入するものとします。

　これに対して、会社との関係を委任関係とする場合には、健康保険および厚生年金保険に加入します。

(20) 退職金

　退職金の取り扱いについては、

　・社員の退職金規程を適用する

　・執行役員独自の退職金規程を作成し、それを適用する

　・取締役の退職慰労金規程を準用する

の３つが考えられます。

　社員の退職金規程を適用するのが簡単で便利ですが、それでは、

執行役員が不利に取り扱われる可能性があります。また、退職金の決め方が一般の社員と同じというのでは、執行役員の勤労意欲に好ましくない影響を与えます。

　執行役員は、一般の部課長とは異なり、幅広い裁量権を与えられて担当部門の業務を執行します。業務の遂行には、困難性を伴います。また、その責任は重大です。

　このような事情を考えると、執行役員独自の退職金規程を作成することにするのが望ましいでしょう。

　執行役員独自の退職金規程を作成する場合、社員分の退職金の取り扱いについては、

　・社員が執行役員に昇格する時点で、社員分の退職金を支給する
　・執行役員を退任し、会社を退職するときに、執行役員分と合わせて支給する

の２つがあります。

　なお、取締役が執行役員を兼任する場合、取締役分の退職慰労金は別に支払うことにします。

(21) 退職慰労金の功労加算

　在任中特に功労のあった者に対しては、退職慰労金の功労加算を行うことにします。

　功労加算は、退職慰労金の30％程度以内とするのが妥当です。

3　モデル規程

執行役員制度規程

第1章　総　則

（総　則）

第1条　この規程は、執行役員制度の取り扱いについて定める。

（執行役員）

第2条　この規程において執行役員とは、取締役会で選任された会社の業務執行の責任者をいう。

（目　的）

第3条　会社は、次の目的のために執行役員制度を実施する。

(1)　経営の健全性、公正性を確保すること

(2)　経営の効率化、意思決定の迅速化を図ること

(3)　業務執行区分の明確化を図ること

(4)　取締役会の機能を強化すること

(5)　業務の遂行に優れた人材を登用すること

(6)　会社の競争力を強化し、業績の向上を期すること

第2章　選任および退任

（選任の基準）

第4条　執行役員の選任の基準は、次のとおりとする。

(1)　豊かな業務経験を有すること。会社の業務に精通していること

(2)　経営感覚が優れていること

(3)　指導力、統率力、行動力および企画力に優れていること

(4)　執行役員にふさわしい人格、識見を有すること

⑸　心身ともに健康であること

（選任の手続き）

第5条　執行役員の選任は、取締役会の決議による。

2　取締役会に対する執行役員の推薦は、社長が行う。

（取締役の兼任）

第6条　取締役は、執行役員を兼任することができる。

（定　　数）

第7条　執行役員の定数は、特に設けない。

（任　　期）

第8条　執行役員の任期は、就任後2年以内の最終の決算期に関する定時株主総会終結のときまでとする。ただし、再任を妨げないものとする。

（会社との関係）

第9条　執行役員と会社との関係は、雇用関係とする。

（役　　位）

第10条　執行役員の役位は、次のとおりとする。

　⑴　執行役員

　⑵　常務執行役員

　⑶　専務執行役員

（退任の要件）

第11条　執行役員が次のいずれかに該当するときは退任とする。

　⑴　任期が満了したとき

　⑵　辞任を申し出て取締役会で承認されたとき

　⑶　定年に達したとき

　⑷　死亡したとき

　⑸　取締役会で解任されたとき

（定　　年）

第12条　執行役員の定年は65歳とする。任期中に定年に達したとき

は、任期満了後に退任する。

（解　任）

第13条　執行役員が次のいずれかに該当するときは、取締役会の決議により、その職を解任することがある。

(1)　会社の信用と名誉を傷つける行為のあったとき

(2)　会社の営業上の秘密を他に漏らしたとき

(3)　故意または重大な過失によって、会社に損害を与えたとき

(4)　合理的な理由がないのに、社長の指示に従わないとき

(5)　業務上の成績が著しく不振であるとき

(6)　その他前各号に準ずる不都合な行為のあったとき

第3章　権限および責任

（職務分担）

第14条　執行役員の職務分担は、取締役会において決議する。

2　取締役会は、経営上の必要に応じ、執行役員の職務分担を変更または追加することがある。

3　執行役員は、取締役会の職務分担決議に服さなければならない。

（職務権限）

第15条　執行役員は、取締役会において決議された職務分担の範囲内で会社の業務を執行することができる。

（責　務）

第16条　執行役員は、取締役会において決議された職務を、取締役社長および取締役会の統括の下に、誠実に遂行し、もって社業の発展に努める責任と義務を負う。

（報告義務）

第17条　執行役員は、取締役社長および取締役会に対し、その業務の執行状況を適宜適切に報告しなければならない。

第4章　報酬、賞与および退職金

（報　酬）

第18条　報酬は「執行役員報酬」一本とし、月額をもって定める。

2　取締役が執行役員を兼任する場合、取締役分の報酬は別に支払う。

（報酬の決定基準）

第19条　報酬は、次の事項を勘案して決定する。

　(1)　職務の内容（遂行の困難さ、責任の重さ）

　(2)　社員給与の最高額

　(3)　取締役の報酬

（賞　与）

第20条　会社の決算時に、営業成績により賞与を支給する。支給額は、その都度決定する。

2　取締役が執行役員を兼任する場合、取締役分の賞与は別に支払う。

（社会保険）

第21条　執行役員は、健康保険、厚生年金保険、雇用保険および労災保険に加入する。

（執行役員退職慰労金）

第22条　執行役員を退任するときは、退職慰労金を支給する。退職慰労金の算定は次の算式による。

$$退職慰労金＝退任時報酬月額 \times 執行役員在任年数$$

2　取締役が執行役員を兼任する場合、取締役分の退職慰労金は別に支払う。

3　社員から執行役員に昇格する場合、社員分退職金は執行役員を退任するときに支給する。

（退職慰労金の功労加算）

第23条　在任中特に功労のあった者に対しては、退職慰労金の30％の範囲内で功労加算を行うことがある。

2　功労加算は、取締役会において決定する。

（付　則）この規程は、　年　月　日から施行する。

第2節

執行役員就業規則

1　就業規則の趣旨

　就業規則は、勤務条件と服務規律を取りまとめたものです。執行役員制度を公正に運用するため、執行役員専用の就業規則を作成します。

　一般社員の就業規則を執行役員に適用することも考えられますが、執行役員と一般社員とでは、勤務条件が大きく異なっています。したがって、一般社員の就業規則を執行役員に適用するのは、相当に限界があります。

　やはり、執行役員の勤務条件を踏まえて、独自の就業規則を作成することが望ましいでしょう。独自の就業規則の作成は、
　・執行役員制度を公正に運用できる
　・経営の透明性、健全性を確保できる
　・執行役員に安心感を与えることができる
などの効果が期待できます。

2　就業規則の内容

（1）目的

　はじめに、就業規則は執行役員の就業条件と服務規律について定めるものであることを明記します。

　これに合わせ、就業規則に定めのない事項は、社員就業規則、労働基準法その他の労働法令、取締役会の決議によることを明記します。

（2）選任の基準

　執行役員の選任の基準を定めます。執行役員の業務内容や果すべき役割・任務を考えると、選任基準は、次のとおりとするのが合理的です。

- ・豊かな業務経験を有すること。業務に精通していること
- ・経営感覚が優れていること
- ・指導力、統率力、行動力および企画力に優れていること
- ・執行役員にふさわしい人格、識見を有すること
- ・心身ともに健康であること

（3）任期

　任期を定めます。合わせて、再任を妨げないことを定めます。

（4）就任承諾書

　執行役員に就任することを承諾したときは、すみやかに会社に就任承諾書を提出することを義務付けます。ただし、留任の場合は省略できるものとします。

（5）忠実義務

　執行役員は、担当業務の執行について大きな裁量権を与えられています。執行役員が法律に反する行動をしたり、あるいは、社長や取締役会の指示に従わなかったりすると、会社は大きな影響を受けます。会社の信用と名誉が著しく低下することにもなります。

　このため、執行役員に対し、法律、会社の規則・規程ならびに社長および取締役会の指示命令を遵守し、会社のために忠実にその職務を遂行することを求めます。

（6）禁止事項

　執行役員に対し、次の事項を行ってはならないことを定めます。

- ・職務上の地位および権限を利用して取引先から個人的に経済的利益を受けること
- ・会社の承認を受けることなく、自ら事業を営み、または他社の

　役員・社員に就任すること
・会社の機密を洩らすこと
・会社の信用と名誉を汚すこと
・会社の経営方針を批判すること
・会社の経営方針に反する言動をすること

（7）報告義務

　執行役員に対し、職務の遂行状況を適宜適切に社長に報告することを義務付けます。また、執行役員は、取締役会から求められたときは、取締役会に出席して職務の遂行状況を報告するものとします。

（8）報酬

　報酬の決め方を定めます。

　報酬の体系としては、

・基本給と諸手当とから構成する
・「執行役員報酬」一本とする

などがあります。

　また、報酬の形態としては、月給制、半期年俸制、年俸制などがあります。

　なお、取締役が執行役員を兼任する場合の取り扱いとしては、

・取締役分と執行役員分とに区分して支払う
・取締役報酬の中に執行役員分を組み込んで支払う

の2つが考えられます。

　会社法は、取締役の報酬については、株主総会の承認を得ることを規定しています。これに対し、執行役員は、会社法上の役員ではないため、報酬について株主総会の承認を得る必要はありません。また、取締役の職務と執行役員の職務とは、本質的に異なります。

　このため、取締役分と執行役員分とに区分して支払うことにするのが適切です。取締役報酬の中に執行役員分を組み込んで支払うというのは合理的ではありません。

（9）報酬の決定基準

報酬は、次の事項を勘案して決定する旨定めます。

・職務の内容（遂行の困難さ、責任の重さ）

・社員給与の最高額

・取締役の報酬

一般的にいえば、執行役員の報酬は、従業員の最高額よりは高く、取締役よりは低い額とするのが適切でしょう。

なお、執行役員について、専務執行役員、常務執行役員、執行役員という階層を設けているときは、階層ごとに一定の格差を設けるべきです。

（10）支払日

報酬は、毎月一定の期日を定めて定期的に支払うことにします。

（11）支払方法

報酬は、執行役員が届け出た本人の預金口座に振り込み支払います。

（12）賞与

会社の決算時に、営業成績により賞与を支給します。支給額は、その都度決定します。

なお、取締役が執行役員を兼任する場合、取締役分の賞与は、株主総会の承認を得たうえで、別に支払うことにします。

（13）慶弔金

執行役員に慶弔があるときは慶弔金を支給します。慶弔金の金額については、

・一般社員と同額とする

・一般社員に対する支給額に準じ、社長が取締役会に諮って決定する

などがあります。

（14）退任の要件

執行役員の退任の要件を定めます。一般的には、

・任期が満了したとき

・辞任を申し出て取締役会で承認されたとき

・定年に達したとき

・死亡したとき

・取締役会で解任されたとき

とするのが適切です。

（15）辞任

執行役員は、任期いっぱい務めるのが理想です。しかし、現実には、個人的な事情で辞任したいと考えることもあります。この場合、「任期満了前の辞任は認めない」といって辞任の申し出を断ることも考えられないわけではありません。しかし、辞任を決意した者を無理に押しとどめても良い仕事をすることは期待できません。

また、辞任の理由が「健康上の理由」であるときは、辞任を認めないと、病状がさらに悪くなり、取り返しのつかない事態を招くこともあり得ます。

このため、個人的な事情による辞任を認め、辞任するときはできる限り早めに会社に申し出るようにさせるのがよいでしょう。

（16）定年

執行役員の定年の取り扱いについては、実務的に、

・一般社員と同一とする

・一般社員より上位の年齢とする

・定年は特に設けない

などが考えられます。

定年を定めないと、

・高齢化が進展する

・人事ローテーションが停滞する

などの支障が生じます。このため、定年を定めるのがよいでしょう。

(17) 解任の要件

　解任の要件を定めます。一般的には、次のいずれかに該当するときに解任するのが適切です。

　　・会社の信用と名誉を傷つける行為のあったとき
　　・会社の営業上の秘密を他に漏らしたとき
　　・故意または重大な過失によって、会社に損害を与えたとき
　　・合理的な理由がないのに、社長の指示に従わないとき
　　・業務上の成績が著しく不振であるとき

　執行役員の解任は、取締役会の決議によって行います。

(18) 社員退職金の取り扱い

　社員が執行役員に昇格するときの社員分退職金の取り扱いを定めます。実務的には、

　　・昇格する時点で、社員分退職金を支払う
　　・執行役員を退任するときに、執行役員分と合わせて支払う

の2つがあります。

(19) 執行役員退職慰労金

　執行役員退職慰労金の算定方法、支払方法および支払時期を具体的に定めます。

　なお、取締役が執行役員を兼任する場合、取締役分の退職慰労金は、株主総会の承認を得て、別に支払うものとします。

(20) 功労加算

　在任中特に功労のあった者に対しては、退職慰労金の功労加算を行うことがある旨定めるとよいでしょう。

3　モデル規程

執行役員就業規則

第1章　総　　則

（目　的）

第1条　この就業規則は、執行役員の就業条件と服務規律について
　定める。

2　この規則に定めのない事項は、次に掲げるものによる。

　⑴　社員就業規則

　⑵　労働基準法その他の労働法令

　⑶　取締役会の決議

第2章　就　　任

（選任の基準）

第2条　執行役員の選任の基準は、次のとおりとする。

　⑴　豊かな業務経験を有すること。業務に精通していること

　⑵　経営感覚が優れていること

　⑶　指導力、統率力、行動力および企画力に優れていること

　⑷　執行役員にふさわしい人格、識見を有すること

　⑸　心身ともに健康であること

（任　期）

第3条　任期は、就任後2年以内の最終の決算期に関する定時株主
　総会終結のときまでとする。ただし、再任を妨げない。

（就任承諾書）

第4条　執行役員に就任することを承諾したときは、すみやかに会
　社に就任承諾書を提出しなければならない。ただし、留任の場合

は省略することができる。

第3章　服務規律

（忠実義務）

第5条　執行役員は、法律、会社の規則・規程ならびに社長および取締役会の指示命令を遵守し、会社のために忠実にその職務を遂行しなければならない。

（禁止事項）

第6条　執行役員は、次の事項を行ってはならない。

(1)　職務上の地位および権限を利用して取引先から個人的に経済的利益を受けること

(2)　会社の承認を受けることなく、自ら事業を営み、または他社の役員・社員に就任すること

(3)　会社の機密を洩らすこと

(4)　会社の信用と名誉を汚すこと

(5)　会社の経営方針を批判すること

(6)　会社の経営方針に反する言動をすること

（業務報告）

第7条　執行役員は、担当する業務の遂行状況を適宜適切に社長に報告しなければならない。

2　取締役会から求められたときは、取締役会に出席して業務の遂行状況を報告しなければならない。

（社長への届出）

第8条　執行役員は、次に掲げるときは、あらかじめ社長に届け出なければならない。

(1)　欠勤するとき

(2)　年次有給休暇を取得するとき

(3)　出張するとき

（損害賠償）

第9条　執行役員が職務の遂行に当たって故意または重大な過失によって会社に損害を与えたときは、その全部または一部を賠償させることがある。

第4章　報　酬

（報　酬）

第10条　報酬は「執行役員報酬」一本とし、月額をもって定める。

2　報酬は、次の事項を勘案して決定する。

　⑴　職務の内容（遂行の困難さ、責任の重さ）

　⑵　社員給与の最高額

　⑶　取締役の報酬

3　取締役が執行役員を兼任する場合、取締役分の報酬は別に支払う。

（支払日）

第11条　報酬は、毎月25日に支払う。当日が休日のときは、その前日に支払う。

（支払方法）

第12条　報酬は、執行役員が届け出た本人の預金口座に振り込み支払う。

（控　除）

第13条　報酬の支払いに当たり、次のものを控除する。

　⑴　所得税、住民税

　⑵　社会保険料

　⑶　その他必要なもの

（通勤手当）

第14条　公共交通機関を利用して通勤する執行役員に対しては、通勤交通費の全額を支給する。

（賞　与）

第15条　会社の決算時に、営業成績により賞与を支給する。支給額は、その都度決定する。

2　取締役が執行役員を兼任する場合、取締役分の賞与は別に支払う。

（慶弔金）

第16条　執行役員に慶弔があるときは、慶弔金を支給する。その額は、社員に対する支給額に準じ、社長が取締役会に諮って決定する。

第5章　退　任

（退任の要件）

第17条　執行役員が次のいずれかに該当するときは退任とする。

　⑴　任期が満了したとき

　⑵　辞任を申し出て取締役会で承認されたとき

　⑶　定年に達したとき

　⑷　死亡したとき

　⑸　取締役会で解任されたとき

（辞　任）

第18条　執行役員を辞任しようとするときは、原則として3ヶ月前までに社長に申し出なければならない。社長は、これを取締役会に諮って決定する。

2　辞任する者は、次の事項を守らなければならない。

　⑴　辞任する日まで執行役員としての職務を誠実に果すこと

　⑵　後任者との間において、業務の引き継ぎを完全に行うこと

　⑶　辞任後において、在任中に知り得た会社の業務ならびに営業上の秘密を他に漏らさないこと

（定　年）

第19条　執行役員の定年は65歳とする。任期中に定年に達したときは、任期満了後に退任する。

（解　任）

第20条　執行役員が次のいずれかに該当するときは、取締役会の決議により、その職を解任することがある。

⑴　会社の信用と名誉を傷つける行為のあったとき

⑵　会社の営業上の秘密を他に漏らしたとき

⑶　故意または重大な過失によって、会社に損害を与えたとき

⑷　合理的な理由がないのに、社長の指示に従わないとき

⑸　業務上の成績が著しく不振であるとき

⑹　その他前各号に準ずる不都合な行為のあったとき

第6章　退職金・退職慰労金

（執行役員退職慰労金）

第21条　執行役員を退任するときは、退職慰労金を支給する。退職慰労金の算定は次の算式による。

退職慰労金＝退任時報酬月額 × 執行役員在任年数

2　退職慰労金は、その全額を執行役員退任後1ヶ月以内に支払う。

3　前項の規定にかかわらず、会社の都合により、2回以上に分割して支払うことがある。この場合は、あらかじめ次の事項を本人に通知する。

⑴　分割して支払う理由

⑵　分割回数

⑶　回数ごとの支払金額

⑷　支払日

4　取締役が執行役員を兼任する場合、取締役分の退職慰労金は別

に支払う。

5　社員から執行役員に昇格する場合、社員分退職金は執行役員を
　退任するときに支給する。

（功労加算）

第22条　在任中特に功労のあった者に対しては、退職慰労金の30％
　の範囲内で功労加算を行うことがある。

（付　則）この就業規則は、　年　月　日から施行する。

様式(1)　執行役員辞令

年　月　日

_____殿

取締役社長_____印

辞　　令

執行役員（役職名）に任ずる。
（任期）　年　月　日〜　年　月　日（2年間）

以上

様式(2)　就任承諾書

年　月　日

取締役社長_____殿

（氏名）_____印

就任承諾書

執行役員（役職名）に就任することを承諾します。
法律、会社の規則・規程ならびに社長および取締役会の指示命令を遵守し、会社のために忠実に職務を遂行することを誓約いたします。

以上

様式(3)　辞任届

年　月　日

取締役社長_____殿

（氏名）_____印

辞　任　届

このたび一身上の都合により、　年　月　日をもって執行役員（役職名）を辞任し会社を退職したいのでお届けします。

以上

第3節

執行役員制度検討委員会規程

1　規程の趣旨

　会社の中には、「他社が導入したから」とか、「世間的な流行になっているから、当社でも」という理由で、執行役員制度を導入しているところがあります。しかし、このように安易に導入するのは感心しません。拙速な意思決定は、きわめて危険です。

　執行役員制度は、経営の意思決定や権限の委譲にかかわる重要な制度です。このため、役員、幹部社員の間において、

- ・執行役員制度とは具体的にどのような制度であるのか
- ・導入する価値のある制度なのか
- ・導入してどのような効果が期待できるのか
- ・導入する場合には、どのような内容にするべきか

などを十分に検討したうえで、導入の是非を判断するべきです。

　役員や幹部社員から構成される「執行役員制度検討委員会」を立ち上げ、その委員会において、制度の目的、趣旨、効果などを十分に検討し、納得したうえで導入することが望ましいといえます。

　なお、委員会は、経営にとってきわめて重要な事項を検討するためのものですから、取締役会の決定により発足させることが望ましいでしょう。

参考(1)　検討委員会設置に関する取締役会議事録

> 第○号議案　執行役員制度検討委員会設置の件
> 議長は、会社が執行役員制度を導入することの是非および執行役員制度を導入する場合の制度の内容を検討するため、　年　月　日付けで「執行役員制度検討委員会」を設置することとし、委員の任命については議長にご一任願いたい旨諮ったところ、全員異議なくこれを承認した。

参考(2)　執行役員制度導入に関する取締役会議事録

> 第○号議案　執行役員制度導入の件
> 議長は、経営環境の変化に対応し、経営の効率化・意思決定の迅速化および取締役会機能の強化を図る目的で、　年　月　日付けで「執行役員制度検討委員会」から答申のあった内容に沿って、　年　月　日から執行役員制度を導入することとし、執行役員候補者の選任、報酬案の作成等については議長にご一任願いたい旨諮ったところ、全員異議なくこれを承認した。

参考(3)　執行役員選任に関する取締役会議事録

> 第○号議案　執行役員選任の件
> 議長は、経営環境の変化に対応し、経営の効率化・意思決定の迅速化および取締役会機能の強化を図る目的で、　年　月　日から執行役員制度を導入することとし、下記の5名を各執行役員に選任したい旨諮ったところ、全員異議なくこれを承認した。
>
> | | |
> |---|---|
> | 常務執行役員営業部長 | ○○○○○○○○ |
> | 執行役員総務部長 | ○○○○○○○○ |
> | 執行役員大阪支店長 | ○○○○○○○○ |
> | 執行役員仙台工場長 | ○○○○○○○○ |
> | 執行役員福岡支店長 | ○○○○○○○○ |

参考(4)　執行役員報酬に関する取締役会議事録

第○号議案　執行役員報酬決定の件

議長は、　年　月　日付けで執行役員に選任された下記5名の報酬月額については、議長にご一任願いたい旨諮ったところ、全員異議なくこれを承認した。

常務執行役員営業部長	○○○○○○○○
執行役員総務部長	○○○○○○○○
執行役員大阪支店長	○○○○○○○○
執行役員仙台工場長	○○○○○○○○
執行役員福岡支店長	○○○○○○○○

2　規程の内容

（1）目的

はじめに、委員会は、次の事項を検討し、取締役会に答申するためのものであることを明記します。

・会社が執行役員制度を導入することの是非

・会社が執行役員制度を導入する場合の制度の内容

（2）構成

委員会の構成を定めます。委員会は、役員制度の改革という会社にとってきわめて重要な事項を検討するものです。したがって、主要役員をはじめ、経営幹部から構成するべきです。

（3）委員会の設置期間

委員会の設置期間を定めておかないと、意見のとりまとめに必要以上に時間がかかることになる可能性があります。執行役員制度への会社の対応をすぐに決定しないからといって、経営に著しい支障が生じることはないにしても、必要以上に時間をかけることは好ましくありません。また、時間をかけて議論すればするほど、優れた結論がでるというものでもないでしょう。

　このため、あらかじめ設置期間を決め、その期間中に意見を取り
まとめるように指示するのがよいでしょう。

　設置期間を設けるといっても、その期間を1年、2年とするのは、
時代のスピードから判断して少し長すぎます。逆に、2、3ヶ月で
は、テーマの重要性、複雑性から判断して短すぎます。

　期間は、おおむね6ヶ月程度とするのが適切でしょう。

（4）委員長

　委員会の運営を効率的に行うと同時に、責任の所在を明確にする
ため、委員長を置くことにするのがよいでしょう。

（5）委員会の開催

　委員会は、委員長が招集することによって開催します。

（6）委員の責務

　委員は、委員会の目的を正しく理解し、委員の任務を誠実に果さ
なければならない旨定めるのがよいでしょう。

（7）答申の尊重

　取締役会は、委員会の答申を最大限に尊重することを明記します。

3　モデル規程

執行役員制度検討委員会規程

（総　則）

第1条　この規程は、執行役員制度検討委員会（以下、単に「委員
　　会」という）について定める。

（目　的）

第2条　委員会は、次の事項を検討し、取締役会に答申する。

　⑴　会社が執行役員制度を導入することの是非

　⑵　会社が執行役員制度を導入する場合の制度の内容

（構　成）

第3条　委員会は、次の者をもって構成する。

　(1)　副社長

　(2)　総務担当役員

　(3)　人事担当役員

　(4)　総務部長

　(5)　人事部長

（委員会の設置期間）

第4条　委員会の設置期間は、次のとおりとする。

　　（設置期間）　年　月　日〜　年　月　日（6ヶ月間）

2　委員会は、設置期間中に答申を取りまとめなければならない。

3　委員長は、やむを得ない事情によって設置期間中に答申を取りまとめることができないときは、取締役会に申し出なければならない。

（委員長）

第5条　委員長は、副社長とする。

2　副社長に事故あるときは、総務担当役員が委員長を務める。

（委員会の開催）

第6条　委員会は、委員長が招集することによって開催する。

（委員の責務）

第7条　委員は、委員会の目的を正しく理解し、委員の任務を誠実に果さなければならない。

（答申の尊重）

第8条　取締役会は、委員会の答申を最大限に尊重するものとする。

（付　則）この規程は、　年　月　日から施行する。

第 2 章

職務権限と業務の執行

執行役員職務権限規程

1　規程の趣旨

　執行役員制度の本来の趣旨は、管理部門、事業部門の長に大きな職務権限を与え、自らの判断と裁量で、責任を持って担当業務を執行させるところにあります。

　執行役員制度が成功するかどうか、執行役員が自らの使命を自覚して意欲的に行動するかどうかは、執行役員にどれだけの職務権限を付与するかによって決まるといえます。

　執行役員制度を導入している会社の中には、表面的、対外的には、「執行役員に大きな権限を付与し、本人の裁量で担当業務を執行させている」といいながら、実際には、権限をほとんど与えず、社長が細かいことまで決裁をしているところがあります。これでは、経営の効率化、意思決定の迅速化は実現しません。また、執行役員自身も、執行役員としての自覚、プライド、意欲を持つことはありません。

　執行役員制度を実施するときは、業務の実態に即した形で、その権限を具体的に定めることが望ましいでしょう。

　また、権限の範囲を一度定めても、それに強くこだわることなく、経営を取り巻く環境の変化や会社で行われている業務内容の変化に応じて、随時、執行役員の権限の範囲が適正かどうか、その見直しを行うことが望ましいでしょう。

2　規程の内容

（1）職務権限の範囲

執行役員の職務権限の範囲を具体的に定めます。一般的には、次のように定めるのが適当です。

① 担当部門の業務を統括する権限

執行役員は、それぞれ担当部門を持っています。このため、担当する部門の業務を統括する権限を与えます。

例えば、執行役員営業部長に対しては、営業部の業務を統括する権限を与え、執行役員経理部長に対しては、経理部の業務を統括する権限を付与します。

② 担当部門を代表する権限

業務の遂行については、誰かがその部門を代表しなければならないことがあります。執行役員に対し、担当部門を代表する権限を与えます。執行役員は、担当部門の最高責任者ですから、担当部門を代表する権限を与えるのは、きわめて当然のことでしょう。

③ 担当部門の業務の執行方針を立案し、取締役会に決裁を求める権限

どの部門も、一定の合理的な執行方針を立て、その方針に従って業務運営が行われることが必要です。執行役員に対し、担当部門の業務の執行方針を立案し、取締役会に決裁を求める権限を与えます。

④ 担当部門の事業計画および事業予算を立案し、取締役会に決裁を求める権限

どの部門も、半期あるいは1年の事業計画、事業予算を立て、それに基づいて業務を遂行していくことが必要です。事業計画、事業予算は、経営を取り巻く環境に即して、合理的、現実的、具体的に策定されなければなりません。執行役員に対し、担当部門の事業計画および事業予算を立案し、取締役会に決裁を求める権限を与えま

す。

⑤　担当部門の事業計画・事業予算を実施する権限

部門の事業計画および事業予算が取締役会で承認されたときは、効率的、効果的に実施されることが必要です。経営を取り巻く環境は複雑で、他社との競争は激しいので、事業計画・事業予算の実施は容易ではありません。執行役員に対し、担当部門の事業計画・事業予算を実施する権限を与えます。

⑥　担当部門の事業計画・事業予算の実施について、部下を指揮命令する権限

部門の事業計画・事業予算の実施については、一定の労働力（マンパワー）が必要です。労働力（マンパワー）の量にはおのずから限度があるため、効率的、効果的に使われることが必要です。

このため、執行役員に対し、担当部門の事業計画・事業予算の実施について、部下を指揮命令する権限を与えます。

⑦　自己の職務権限を部下に代行させる権限

執行役員は、与えられた権限を自分の責任で行使することが原則です。しかし、業務の効率的な遂行、環境変化への迅速な対応、部下の人材育成のためには、自己の権限の一部を部下に代行させたほうがよい場合もあります。

このため、執行役員に対し、自己の職務権限を部下に代行させる権限を与えます。ただし、代行させても、その責任は執行役員が負うものとします。

⑧　部下に指揮命令した事項、代行させた事項について、報告を求める権限

執行役員に対し、部下に指揮命令した事項、代行させた事項について、報告を求める権限を与えます。

⑨　部下の業務遂行を監督する権限

執行役員は、担当部門の業務計画、業務目標を達成するために、

部下に仕事を指示命令します。この場合、大事なことは、執行役員が指示命令した仕事が適切に行われているかどうかを監督することです。

このため、執行役員に対し、部下の業務遂行を監督する権限を与えるものとします。

⑩　担当部門の組織および分掌の変更を立案し、取締役会に決裁を求める権限

会社は、経営を効率的、効果的に行うため、部、課、係、班などの組織を設け、組織ごとにその業務分掌を決めています。チームやグループという名称で組織編成を行っている会社もあります。

会社は、業務の実態に即して組織編成を決めるわけです。一度決定した組織とその業務分掌が常にベストであるとはいえません。組織とその業務分掌は、経営環境の変化に応じて、その見直しを行うことも必要です。

このため、執行役員に対し、担当部門の組織および分掌の変更を立案し、取締役会に決裁を求める権限を与えます。

⑪　担当部門における人員配置、異動を決定する権限

部、課、係、班には、その業務を遂行するために、それぞれ一定の社員が配置されています。しかし、一度決めた人員配置が常にベストであるという保証はありません。環境の変化に伴って、適正配置が崩れる可能性があります。人員配置が不適切であると、

・業務の生産性が低下する

・仕事の質が落ちる

・人件費が上昇する

・能力を発揮できない社員が増える

など、さまざまな支障が生じます。

人員配置は、経営環境の変化に対応して、その見直しを行うことが望ましいといえます。

このため、執行役員に対し、担当部門における人員配置、異動を決定する権限を与えます。

⑫　部下に時間外勤務、休日勤務、出張を命令する権限

担当部門の業務を効率的に遂行するためには、必要に応じて、部下に時間外勤務、休日勤務、出張を命令することが必要です。このため、執行役員に対し、部下に時間外勤務、休日勤務、出張を命令する権限を与えるべきです。

⑬　部下の人事考課を行う権限

会社は、社員の人事管理（配置、配置転換、昇給、賞与の支給、昇進、昇格等）を行っていくうえで、人事考課を行うことが望ましいといえます。人事考課をいっさい行うことなく、人事管理に当たるというのは、合理的とはいえません。

このため、部門の最高責任者である執行役員に対し、部下の人事考課を行う権限を与えることにするのが適切です。

⑭　部下の昇進を会社に推薦する権限

どの会社も、「人材の適正配置を実現する」「社員の勤労意欲を向上させる」「会社の競争力の強化を図る」などの目的で、昇進制度を実施しています。執行役員は、部門の業務の最高責任者であるという立場上、誰を昇進させるべきかについての情報を最もよく知ることができます。

このため、執行役員に対し、部下の昇進を会社に推薦する権限を与えます。

⑮　部下の賞罰を会社に上申する権限

職場においては、一定の規律が保たれることが必要です。規律が保たれないと、

　・業務の生産性が低下する

　・仕事の質が落ちる

　・ミスやトラブルが増える

・仕事の指示命令が徹底されなくなる

・重要な情報が外部に流出する

など、さまざまな支障が生じます。

　執行役員は、部門の業務の最高責任者であるという立場上、社員の行動、勤務態度についての情報を最もよく知ることができます。

　このため、執行役員に対し、部下の賞罰を会社に上申する権限を与えます。

⑯　1件当たり○万円以下の経費を支出する権限

　業務を遂行するためには、さまざまな名目で金銭を支出することが必要となります。文房具の購入にも、新聞や雑誌の購読にも、金銭の支出が必要です。この場合、すべての支出について、社長や役員の決裁を得なければならないことにすると、業務の効率が著しく低下します。

　担当部門の業務を効率的に遂行させるためには、一定金額以下の支出については、その権限を執行役員に付与するのがよいといえます。

　なお、執行役員について、専務執行役員、常務執行役員、執行役員というように階層を設けているときは、階層ごとに金額を決めます。例えば、専務執行役員30万円以下、常務執行役員20万円以下、執行役員10万円以下とする。

⑰　1件当たり○万円以下の交際費を支出する権限

　業務を円滑に遂行するうえで、多くの場合、交際費を支出することが必要となります。この場合に、金額の多少にかかわらず、すべての交際費支出について、社長や役員の決裁を得なければならないことにすると、必要なときに必要な額の交際費を支出することが困難となり、業務の運営に支障が生じるおそれがあります。

　担当部門の業務を効率的に遂行させるためには、一定金額以下の交際費支出については、その権限を執行役員に付与するのがよいといえます。

　なお、執行役員について、専務執行役員、常務執行役員、執行役員というように階層を設けているときは、階層ごとに金額を決めます。

⑱　1件当たり○万円以下の取引先慶弔見舞金を支出する権限

　業務を円滑に遂行するうえで、多くの場合、取引先に対し慶弔見舞金を支出することが必要となります。この場合に、金額の多少にかかわらず、すべての慶弔見舞金支出について、社長や役員の決裁を得なければならないことにすると、業務の運営において支障が生じるおそれがあります。

　担当部門の業務を効率的に遂行させるためには、一定金額以下の慶弔見舞金の支出については、その権限を執行役員に付与するのがよいでしょう。

　なお、執行役員について、専務執行役員、常務執行役員、執行役員というように階層を設けているときは、階層ごとに金額を決めます。

⑲　担当部門において日常的に生じる事案を処理する権限

　どの部門においても、日常的にさまざまな事案が生じます。「明日は、年休を取得して休みたい」という申請が出されることもあれば、外部から問い合わせの電話が入ることもあります。また、他の部門から「会議を開きたいので、誰か代表者を出席させて欲しい」という要請が出されることもあります。

　日常的に生じる事案に対しては、迅速・的確に対応することが必要です。このため、執行役員に対し、担当部門において日常的に生じる事案を処理する権限を与えるのが妥当です。

⑳　担当部門内各課の業務の調整を行う権限

　一般に部門の中には、いくつかの課が置かれています。2つ以上の課が置かれている場合には、課同士の間で調整を要する問題が生じることがあります。課の間の調整は、部外者にとっては関係のな

い問題ですが、当事者にとってはきわめて重要な問題です。

　部門の最高責任者である執行役員に対し、担当部門内各課の業務の調整を行う権限を与えます。

　㉑　他部門との業務の調整を行う権限

　一般に会社には、２つ以上の部門が置かれています。会社の規模が大きくなればなるほど、部門の数も多くなります。そこで、他の部門との間で問題が生じることもあります。

　このような場合には、部門を代表する者が出て、他の部門との間で折衝、交渉を行うことが必要です。

　このため、執行役員に対し、他部門との業務の調整を行う権限を与えます。

（２）職務権限の事例（執行役員営業部長の場合）

　職務権限の内容を、例えば、「執行役員営業部長」についてみると、次のとおりです。

　・営業部の業務を統括すること
　・営業部を代表すること
　・営業部の業務の執行方針を立案し、取締役会に決裁を求めること
　・営業部の事業計画および事業予算を立案し、取締役会に決裁を求めること
　・営業部の事業計画および事業予算を実施すること
　・営業部の事業計画および事業予算の実施について、部下を指揮命令すること
　・自己の職務権限を部下に代行させること
　・部下に指揮命令した事項、代行させた事項について、報告を求めること
　・部下の業務遂行を監督すること
　・営業部の組織および分掌の変更を立案し、取締役会に決裁を求

43

めること

- ・営業部における人員配置、異動を決定すること
- ・部下に時間外勤務、休日勤務、出張を命令すること
- ・部下の人事考課を行うこと
- ・部下の昇進を会社に推薦すること
- ・部下の賞罰を会社に上申すること
- ・1件当たり〇万円以下の経費を支出すること
- ・1件当たり〇万円以下の交際費を支出すること
- ・1件当たり〇万円以下の取引先慶弔見舞金を支出すること
- ・営業部において日常的に生じる事案を処理すること
- ・営業部内各課の業務の調整を行うこと
- ・他部門との業務の調整を行うこと
- ・その他前各号に準ずること
- ・取締役会において特別に認められたこと

（3）職務権限の事例（執行役員支店長の場合）

　また、東京支店長、大阪支店長、名古屋支店長などを兼務する「執行役員支店長」の職務権限の内容を示すと、次のとおりです。

- ・支店の業務を統括すること
- ・支店を代表すること
- ・支店の業務の執行方針を立案し、取締役会に決裁を求めること
- ・支店の営業計画および営業予算を立案し、取締役会に決裁を求めること
- ・支店の営業計画および営業予算を実施すること
- ・支店の営業計画および営業予算の実施について、部下を指揮命令すること
- ・自己の職務権限を部下に代行させること
- ・部下に指揮命令した事項、代行させた事項について、報告を求めること

- ・部下の業務遂行を監督すること
- ・支店の組織および分掌の変更を立案し、取締役会に決裁を求めること
- ・支店における人員配置、異動を決定すること
- ・支店所属の社員に時間外勤務、休日勤務、出張を命令すること
- ・支店所属の社員の人事考課を行うこと
- ・支店所属の社員の昇進を会社に推薦すること
- ・支店所属の社員の賞罰を会社に上申すること
- ・1件当たり〇万円以下の経費を支出すること
- ・1件当たり〇万円以下の交際費を支出すること
- ・1件当たり〇万円以下の取引先慶弔見舞金を支出すること
- ・支店において日常的に生じる事案を処理すること
- ・支店内各課の業務の調整を行うこと
- ・本社および他支店との業務の調整を行うこと
- ・その他前各号に準ずること
- ・取締役会において特別に認められたこと

（4）権限行使の心得

　執行役員は、自らの職務権限を会社のために適切、かつ、有効に行使しなければならない旨定めます。

（5）権限の代行

　執行役員は、自らの職務権限の一部を部下に代行させることができるものとします。これに合わせ、

- ・職務権限を代行させたときは、代行させた権限が適切、かつ、有効に行使されているかを監督しなければならないこと
- ・部下に代行させた職務権限が適切に行使されなかったときは、執行役員がその責任を負わなければならないこと

を定めておくのがよいでしょう。

（6）権限侵害の禁止

他の執行役員の職務権限を侵害してはならないことを定めます。

（7）報告義務

社長は、執行役員の業務執行を監督する責任を負っています。このため、執行役員に対し、職務権限の行使状況を適宜適切に社長に報告することを義務付けます。

（8）緊急時の措置

執行役員は、緊急やむを得ない事情があるときは、自らが職務権限を有しない事項についても臨機の措置を講ずることができるものとします。

なお、臨機の措置を講じたときは、速やかに次の事項を社長に報告させることにします。

- ・臨機の措置を講じた日時、場所
- ・臨機の措置を講じなければならなかった事情
- ・講じた措置の具体的な内容
- ・その他必要事項

3　モデル規程

執行役員職務権限規程

（総　則）

第1条　この規程は、執行役員の職務権限について定める。

（専務執行役員）

第2条　専務執行役員の職務権限は、次のとおりとする。

(1)　担当部門の業務を統括すること

(2)　担当部門を代表すること

(3)　担当部門の業務の執行方針を立案し、取締役会に決裁を求め

ること

⑷　担当部門の事業計画および事業予算を立案し、取締役会に決裁を求めること

⑸　担当部門の事業計画および事業予算を実施すること

⑹　担当部門の事業計画および事業予算の実施について、部下を指揮命令すること

⑺　自己の職務権限を部下に代行させること

⑻　部下に指揮命令した事項、代行させた事項について、報告を求めること

⑼　部下の業務遂行を監督すること

⑽　担当部門の組織および分掌の変更を立案し、取締役会に決裁を求めること

⑾　担当部門における人員配置、異動を決定すること

⑿　部下に時間外勤務、休日勤務、出張を命令すること

⒀　部下の人事考課を行うこと

⒁　部下の昇進を会社に推薦すること

⒂　部下の賞罰を会社に上申すること

⒃　1件当たり○万円以下の経費を支出すること

⒄　1件当たり○万円以下の交際費を支出すること

⒅　1件当たり○万円以下の取引先慶弔見舞金を支出すること

⒆　担当部門において日常的に生じる事案を処理すること

⒇　担当部門内各課の業務の調整を行うこと

㉑　他部門との業務の調整を行うこと

㉒　その他前各号に準ずること

㉓　取締役会において特別に認められたこと

（常務執行役員）

第3条　常務執行役員の職務権限は、次のとおりとする。

⑴　担当部門の業務を統括すること

(2)　担当部門を代表すること

(3)　担当部門の業務の執行方針を立案し、取締役会に決裁を求めること

(4)　担当部門の事業計画および事業予算を立案し、取締役会に決裁を求めること

(5)　担当部門の事業計画および事業予算を実施すること

(6)　担当部門の事業計画および事業予算の実施について、部下を指揮命令すること

(7)　自己の職務権限を部下に代行させること

(8)　部下に指揮命令した事項、代行させた事項について、報告を求めること

(9)　部下の業務遂行を監督すること

(10)　担当部門の組織および分掌の変更を立案し、取締役会に決裁を求めること

(11)　担当部門における人員配置、異動を決定すること

(12)　部下に時間外勤務、休日勤務、出張を命令すること

(13)　部下の人事考課を行うこと

(14)　部下の昇進を会社に推薦すること

(15)　部下の賞罰を会社に上申すること

(16)　1件当たり○万円以下の経費を支出すること

(17)　1件当たり○万円以下の交際費を支出すること

(18)　1件当たり○万円以下の取引先慶弔見舞金を支出すること

(19)　担当部門において日常的に生じる事案を処理すること

(20)　担当部門内各課の業務の調整を行うこと

(21)　他部門との業務の調整を行うこと

(22)　その他前各号に準ずること

(23)　取締役会において特別に認められたこと

（執行役員）

第4条　執行役員の職務権限は、次のとおりとする。

⑴　担当部門の業務を統括すること

⑵　担当部門を代表すること

⑶　担当部門の業務の執行方針を立案し、取締役会に決裁を求めること

⑷　担当部門の事業計画および事業予算を立案し、取締役会に決裁を求めること

⑸　担当部門の事業計画および事業予算を実施すること

⑹　担当部門の事業計画および事業予算の実施について、部下を指揮命令すること

⑺　自己の職務権限を部下に代行させること

⑻　部下に指揮命令した事項、代行させた事項について、報告を求めること

⑼　部下の業務遂行を監督すること

⑽　担当部門の組織および分掌の変更を立案し、取締役会に決裁を求めること

⑾　担当部門における人員配置、異動を決定すること

⑿　部下に時間外勤務、休日勤務、出張を命令すること

⒀　部下の人事考課を行うこと

⒁　部下の昇進を会社に推薦すること

⒂　部下の賞罰を会社に上申すること

⒃　１件当たり〇万円以下の経費を支出すること

⒄　１件当たり〇万円以下の交際費を支出すること

⒅　１件当たり〇万円以下の取引先慶弔見舞金を支出すること

⒆　担当部門において日常的に生じる事案を処理すること

⒇　担当部門内各課の業務の調整を行うこと

㉑　他部門との業務の調整を行うこと

㉒　その他前各号に準ずること

⑵⒊　取締役会において特別に認められたこと

(権限行使の心得)

第 5 条　執行役員は、自らの職務権限を会社のために適切、かつ、有効に行使しなければならない。

(権限の代行)

第 6 条　執行役員は、自らの職務権限の一部を部下に代行させることができる。

2　職務権限を代行させたときは、代行させた権限が適切、かつ、有効に行使されているかを監督しなければならない。

3　部下に代行させた職務権限が適切に行使されなかったときは、執行役員はその責任を負わなければならない。

(権限侵害の禁止)

第 7 条　執行役員は、他の執行役員の職務権限を侵害してはならない。

(報告義務)

第 8 条　執行役員は、職務権限の行使状況を適宜適切に社長に報告しなければならない。

(緊急時の措置)

第 9 条　執行役員は、緊急やむを得ない事情があるときは、この規程による職務権限を有しない事項についても臨機の措置を講ずることができる。

2　前項の定めに従い臨機の措置を講じたときは、速やかに次の事項を社長に報告しなければならない。

(1)　臨機の措置を講じた日時、場所

(2)　臨機の措置を講じなければならなかった事情

(3)　講じた措置の具体的な内容

(4)　その他必要事項

(付　則) この規程は、　年　月　日から施行する。

執行役員業務目標規程

1　規程の趣旨

　執行役員は、部長、支店長、営業所長、工場長、研究所長等の役職を兼務しています。経営の第一線における指揮命令者であり、最高の責任者です。執行役員一人ひとりが、業務に計画的に取り組み、自らの担当部門の業績を向上させることにより、会社全体の業績の向上が図られます。

　経営を取り巻く環境には大変厳しいものがあります。いかなる状況においても会社全体の業績を向上させるための現実的、効果的な方策は、執行役員一人ひとりについて、年度の業務目標を個別的、具体的に設定させ、その目標の完全達成に向けて努力させることです。

　執行役員全員が自らの使命と責任を自覚し、業務に積極的、意欲的に取り組み、業務目標を責任をもって達成することにより、会社全体の業績が向上します。

2　規程の内容

（1）適用範囲
　業務目標制度は、すべての執行役員に適用します。

（2）目的
　執行役員業務目標制度は、次の目的で行うことを明確にします。
　・経営方針、経営計画を具体化すること
　・執行役員人事の成果主義、業績主義を徹底すること

　・組織の活性化を図ること

（3）業務目標の設定

　執行役員に対し、毎年度、担当部門について、業務目標を設定し、社長に提出することを義務付けます。例えば、執行役員営業部長は、年度の営業目標を設定し、社長に提出します。また、執行役員工場長は、年度の生産計画を策定し、社長に提出します。

　なお、業務目標は、経営方針、経営計画を十分に踏まえて設定させます。

（4）決定の手続き

　執行役員の業務目標は、会社の業績を左右するきわめて重要なものです。このため、社長の承認を得て正式に決定します。なお、社長は、必要に応じて執行役員に対し、業務目標の修正を求めるものとします。

（5）年度中の変更

　現代は、変化が激しい時代です。経営環境が大きく変化したにもかかわらず、当初の目標にこだわりつづけるのは現実的ではありません。変化に対しては、柔軟に対応することが必要です。

　執行役員に対し、年度の途中においてビジネス環境が大きく変化したときは、業務目標を変更し、これを社長に提出することを義務付けます。

（6）目標達成の努力

　当然のことではありますが、業務目標は、「設定すること」にその意義があるわけではありません。「達成すること」にこそ、その意義があります。

　執行役員に対し、部下を適切に指揮命令し、業務目標の完全達成に向けて最大限の努力をすることを求めます。

（7）経過報告

　執行役員に対し、業務目標の達成状況を社長に適宜的確に報告す

ることを義務付けます。

（8）処遇への反映

　会社は、執行役員一人ひとりについて、業務目標の達成結果とそのための努力を公正に評価し、処遇に反映させます。

3　モデル規程

執行役員業務目標規程

（総　則）

第1条　この規程は、執行役員業務目標制度について定める。

（適用範囲）

第2条　この規程は、すべての執行役員に適用する。

（目　的）

第3条　執行役員業務目標制度は、次の目的で行う。

　⑴　経営方針、経営計画を具体化すること

　⑵　執行役員人事の成果主義、業績主義を徹底すること

　⑶　組織の活性化を図ること

（業務目標の設定）

第4条　執行役員は、毎年度、担当部門について業務目標を設定し、社長に提出する。

2　業務目標は、経営方針、経営計画を十分に踏まえて具体的に設定しなければならない。

（決定の手続き）

第5条　業務目標は、社長の承認を得て正式に決定する。

2　社長は、必要に応じて執行役員に対し、業務目標の修正を求めることがある。

（年度中の変更）

第6条　執行役員は、年度の途中においてビジネス環境が大きく変化したときは、業務目標を変更し、これを社長に提出しなければならない。

（目標達成の努力）

第7条　執行役員は、部下を適切に指揮命令し、かつ、予算を適切に執行することにより、業務目標の完全達成に向けて最大限の努力をしなければならない。

（経過報告）

第8条　執行役員は、業務目標の達成状況を社長に適宜的確に報告しなければならない。

（処遇への反映）

第9条　会社は、決算年度が終了したときは、執行役員一人ひとりについて、業務目標の達成結果とそのための努力を公正に評価し、処遇に反映させる。

（付　則）この規程は、　年　月　日から施行する。

様式(1)　執行役員目標設定シート（営業部門担当の場合）

年　月　日

取締役社長　殿

執行役員＿＿＿＿

年度業務目標シート

	目標の具体的な内容	目標達成のための手段、方策	備　考
(1)　売上			
(2)　営業利益			
(3)　部門１人当たり売上			
(4)　部門１人当たり営業利益			
(5)　代金回収率			

（注）　経営方針、経営計画を十分に踏まえて設定すること。

様式(2)　執行役員目標設定シート（生産部門担当の場合）

年　月　日

取締役社長　殿

執行役員＿＿＿＿

年度業務目標シート

	目標の具体的な内容	目標達成のための手段、方策	備　考
(1)　生産数量			
(2)　部門１人当たり生産数量			
(3)　生産コスト			
(4)　生産品の質(不良品発生率)			
(5)　生産方式の改善、革新			

（注）　経営方針、経営計画を十分に踏まえて設定すること。

様式(3)　執行役員目標設定シート（研究部門担当の場合）

年　月　日

取締役社長　殿

執行役員＿＿＿＿＿

年度業務目標シート

	目標の具体的な内容	目標達成のための手段、方策	備　考
(1)　研究の範囲、対象			
(2)　研究経費、コスト			
(3)　研究の効率化、迅速化			
(4)　特許権の獲得			
(5)　部門の人材育成			

　（注）　経営方針、経営計画を十分に踏まえて設定すること。

様式(4)　執行役員目標設定シート（管理部門担当の場合）

年　月　日

取締役社長　殿

執行役員＿＿＿＿＿

年度業務目標シート

	目標の具体的な内容	目標達成のための手段、方策	備　考
(1)　業務の質、量			
(2)　業務の効率化、迅速化			
(3)　業務処理のコスト			
(4)　現業部門へのサービスの改善			
(5)　部門の人材育成			

　（注）　経営方針、経営計画を十分に踏まえて設定すること。

執行役員予算執行規程

1　規程の趣旨

　会社は、経営を合理的、効率的、計画的に行っていくために、予算制度を採用しています。部門ごとに、その部門の業務の内容や量を基準として、一定の年度予算を決め、その予算の枠の中で部門の業務を遂行するように指示しています。

　予算制度は、経営の合理性、効率性、計画性を確保するための重要な制度です。

　担当部門の最高責任者である執行役員は、担当部門の予算を有効に活用して業務を遂行することが求められています。決められた予算を効果的に支出して担当部門の業務目標を達成することは、執行役員の重要な責務です。予算の執行において、不正や無駄があってはならない。

　会社は、執行役員の予算の執行（支出）について一定の基準を設け、その周知徹底を図ることが望まれます。予算を決めるだけで、その執行については各執行役員の良識に委ねるというのは、必ずしも適切な経営とはいえません。

2　規程の内容

（1）予算の支出権限

　執行役員は、業務上の必要に基づいて、担当部門の予算を自らの判断で支出することができる旨定めます。

（2）決裁の範囲

予算の支出については、

・すべて執行役員の裁量に委ねる

・一定金額を超えるときは、社長決裁を必要とする

の2つがあります。

執行役員制度の趣旨からすると、できる限り執行役員の裁量に委ねることにするのがよいでしょう。しかし、予算の支出を担当部門の執行役員に全面的に任せるというのが最善の選択であるとは限らないでしょう。会社全体の予算の適切な執行の確保という観点からすると、1件当たりの支出金額が一定額を超えるものについて、あらかじめ社長の許可を受けることにするのも1つの現実的な選択です。

なお、執行役員について、専務執行役員、常務執行役員、執行役員というように役位を設ける場合には、役位ごとに支出権限を決めるのが合理的です。

（3）支出の原則

執行役員は、担当部門の予算を適正、かつ、効果的に支出しなければならない旨定めます。

（4）記録の義務

予算制度の公正さを確保するため、執行役員に対し、予算を支出したときは、次の事項を正確に記録しておくことを義務付けます。

・予算の費目

・支出目的

・支出金額

・支出先

・支出月日

（5）執行状況の報告

執行役員に対し、担当部門の予算の執行状況を社長に適宜適切に

報告することを義務付けます。

（6）予算の厳守

　執行役員は、社長から指示された範囲内で予算を支出しなければならない旨定めます。

（7）予算超過の場合の手続き

　執行役員は、あらかじめ決定された予算の枠を守って担当部門の業務を執行することが求められます。しかし、実際には、予算を超過して支出することが必要な場合も生じます。このような場合に、予算超過をいっさい認めないというのは、現実的ではありません。業務に支障が生じたり、重要なビジネスチャンスを逸したりすることになりかねません。

　やむを得ない事情によって予算を超過するときは、あらかじめ次の事項を社長に申し出て、その許可を受けなければならないことにします。

- ・超過する費目
- ・超過する金額
- ・超過して支出する必要性
- ・支出する月日
- ・支出先

（8）予算流用の禁止

　執行役員に対し、予算の流用を禁止します。

（9）予算流用の手続き

　やむを得ない事情によって予算を流用するときは、あらかじめ次の事項を社長に申し出て、その許可を受けなければならないことにします。

- ・流用する費目
- ・流用する金額
- ・流用する理由

　　・支出する費目

　　・支出する月日

(10) 決算報告

　執行役員に対し、決算年度が終了したときは、担当部門の予算の
執行結果を正確、かつ、迅速に社長に報告することを義務付けます。

(11) 監督責任

　予算は、公正に支出されることが必要です。しかし、現実には、
不正が行われることがあります。執行役員は、担当部門において予
算の執行について不正が行われた場合、その監督責任を負わなけれ
ばならないものとします。

3　モデル規程

執行役員予算執行規程

（総　則）

第1条　この規程は、執行役員の予算執行について定める。

（予算の支出）

第2条　執行役員は、業務上の必要に基づいて、担当部門の予算を
　　自らの判断で支出することができる。

2　前項の規定にかかわらず、1件当たりの支出金額が10万円を超
　　えるときは、次の事項について、あらかじめ社長の許可を受けな
　　ければならない。

　⑴　支出目的

　⑵　支出金額

　⑶　支出先

　⑷　支出月日

　⑸　その他必要事項

（支出の原則）

第3条　執行役員は、担当部門の予算を適正、かつ、効果的に支出しなければならない。

（記　録）

第4条　執行役員は、予算を支出したときは、次の事項を正確に記録しておかなければならない。

(1)　予算の費目

(2)　支出目的

(3)　支出金額

(4)　支出先

(5)　支出月日

(6)　その他必要事項

（執行状況の報告）

第5条　執行役員は、担当部門の予算の執行状況を社長に対し、適宜適切に報告しなければならない。

（予算の厳守）

第6条　執行役員は、社長から指示された範囲内で予算を支出しなければならない。その予算を超えて支出してはならない。

2　やむを得ない事情によって予算を超過するときは、あらかじめ次の事項を社長に申し出て、その許可を受けなければならない。

(1)　超過する費目

(2)　超過する金額

(3)　超過して支出する必要性

(4)　支出する月日

(5)　支出先

(6)　その他必要事項

（予算流用の禁止）

第7条　執行役員は、予算を流用してはならない。

2　やむを得ない事情によって予算を流用するときは、あらかじめ次の事項を社長に申し出て、その許可を受けなければならない。

(1)　流用する費目

(2)　流用する金額

(3)　流用する理由

(4)　支出する費目

(5)　支出する月日

(6)　その他必要事項

（決算報告）

第8条　執行役員は、決算年度が終了したときは、担当部門の予算の執行結果を正確、かつ、迅速に社長に報告しなければならない。

（監督責任）

第9条　執行役員は、担当部門において予算の執行について不正が行われた場合、その監督責任を負わなければならない。

（付　則）この規程は、　年　月　日から施行する。

様式(1)　予算支出伺い

	年　月　日
取締役社長　殿	（執行役員）＿＿＿＿＿

予算支出伺い

次のとおり予算を支出したいので許可願います。

(1)　支出目的	
(2)　支出金額	
(3)　支出先	
(4)　支出月日	年　月　日
(5)　その他	

様式(2)　予算支出報告書

年　月　日

取締役社長　殿

（執行役員）＿＿＿＿＿＿

予算支出報告書（　年　月）

費　　　目	予　算　額 (A)	当月支出額	支出累計額 (B)	予算執行率 (B)／(A)

特記事項	

様式(3)　決算報告書

年　月　日

取締役社長　殿

（執行役員）＿＿＿＿＿＿

決算報告書（　年度）

費　　　目	予　算　額 (A)	支　出　額 (B)	過不足額 (A)－(B)	予算執行率 (B)／(A)

特記事項	

第4節

執行役員業務報告規程

1　規程の趣旨

　執行役員は、取締役会において選任され、社長の指揮監督のもとに、特定の事業部門または管理部門の業務を執行する立場にあります。

　例えば、執行役員経理部長は、取締役会において選任されます。そして、社長の指揮監督を受けて、経理部の最高責任者として、組織分掌規程で定められた経理部の業務を執行する任務を負っています。

　また、執行役員研究開発部長は、取締役会において選任され、社長の指揮監督のもとに、研究開発部の最高責任者として、組織分掌で定められた研究開発部の業務を執行する任務を負っています。

　このように、執行役員は、取締役会において選任され、社長の指揮監督のもとに、特定の事業部門または管理部門の業務を執行する立場にあるため、社長および取締役会に対し、業務の執行状況を報告する義務と責任があります。業務執行について大きな裁量権を与えられているからといって、報告を怠り、独走することは許されないことです。

　執行役員制度を実施するときは、社長および取締役会への業務報告の取り扱いを規程として取りまとめておくことが望まれます。

2　規程の内容

（1）報告義務

　執行役員に対し、社長および取締役会に対し、担当業務の執行状況を適宜適切に報告することを義務付けます。

　合わせて、健康を害して欠勤している場合を除き、報告義務を免れることができない旨明記します。

（2）報告頻度

　業務報告の頻度は、おおむね次のとおりとするのが適切でしょう。

・社長への報告　少なくとも週に1回以上

・取締役会への報告　少なくとも月に1回以上

（3）緊急報告

　担当部門において緊急事態が発生したときは、定期報告とは別に、社長に対し、直ちに報告すべきことを求めます。

（4）資料の提出

　口頭による報告だけでは、実態を正確に理解できないことがあります。このため、執行役員に対し、社長および取締役会への報告に当たっては、適宜資料を作成し、これを提出することを求めます。

（5）指示への対応

　執行役員は、社長または取締役会への業務報告に対して、社長または取締役会から指示が出されたときは、これに従わなければならないものとします。

（6）責任

　執行役員に対し、次のいずれかに該当するときは、その責任を負うべきことを明確にします。

・合理的な理由がないにもかかわらず、社長および取締役会に対する報告義務を怠ったとき

・事実と異なる内容の報告を行ったとき

・報告すべき重要事項を故意に報告しなかったとき

・特別の事情がないにもかかわらず、緊急に報告すべき事項の報告が遅れたとき

・その他執行役員としての報告義務を適切に果たさなかったとき

3　モデル規程

執行役員業務報告規程

（総　則）

第 1 条　この規程は、執行役員の業務報告について定める。

（報告義務）

第 2 条　執行役員は、社長および取締役会に対し、担当業務の執行状況を適宜適切に報告しなければならない。

2　執行役員は、健康を害して欠勤している場合を除き、前項の報告義務を免れることはできない。

（報告頻度）

第 3 条　業務報告の頻度は、次のとおりとする。

　(1)　社長への報告　少なくとも週に 1 回以上

　(2)　取締役会への報告　少なくとも月に 1 回以上

2　前項の規定にかかわらず、社長または取締役会から業務報告を求められたときは、その求めに応じなければならない。

（緊急報告）

第 4 条　執行役員は、担当部門において緊急事態が発生したときは、前条の規定にかかわらず、社長に対し、直ちに報告しなければならない。

（資料の提出）

第 5 条　執行役員は、社長および取締役会への報告に当たっては、

　適宜資料を作成し、これを提出するものとする。

（指示への対応）

第6条　執行役員は、社長または取締役会への業務報告に対して、社長または取締役会から指示が出されたときは、これに従わなければならない。

（責　任）

第7条　執行役員は、次のいずれかに該当するときは、その責任を負わなければならない。

　⑴　合理的な理由がないにもかかわらず、この規程において定められた報告義務を怠ったとき

　⑵　事実と異なる内容の報告を行ったとき

　⑶　報告すべき重要事項を故意に報告しなかったとき

　⑷　特別の事情がないにもかかわらず、緊急に報告すべき事項の報告が遅れたとき

　⑸　その他執行役員としての報告義務を適切に果たさなかったとき

（付　則）この規程は、　年　月　日から施行する。

執行役員業績評価規程

1　規程の趣旨

　執行役員は、担当する部門の業績を挙げて会社全体の業績に貢献するという重い責任を負っています。

　他社との激しい競争の中で、部門の業績を挙げることは容易ではありません。このため、結果的に、業績を挙げて会社の期待に応えることのできる執行役員も出れば、業績を挙げることができない執行役員も出ます。

　部門の業績を挙げることができない執行役員が長くそのポストに居座ったり、あるいは高い報酬を得たりするのは、経営の健全性・公正性の確保というコーポレートガバナンスの観点から見て大いに問題です。一般の社員の勤労意欲にも好ましくない影響を与えます。

　コーポレートガバナンスの確立のためには、執行役員一人ひとりについてその業績を公正に評価し、その評価の結果を処遇に反映させることが必要です。

2　規程の内容

（1）目的

　業績評価は、次の目的で行うことを明確にします。

　・執行役員としての業績に応じた公正な処遇を行うこと

　・執行役員のインセンティブの向上を図ること

　・執行役員の自己開発、自己啓発を図ること

（2）評価の対象者

すべての執行役員を評価の対象者とします。

（3）評価者

誰が評価を行うかを定めます。実務的には、

・役員業績評価委員会を設置し、その委員会が評価に当たる

・社長が行う

などが考えられます。

（4）評価項目

一口に執行役員といっても、担当業務（部門）は人によって異なります。営業部門を担当する者もいれば、人事・経理・総務という管理部門を担当する執行役員もいます。また、生産部門や研究開発部門を担当する者もいます。執行役員の業務内容を踏まえて、評価項目を合理的、整合的に定めます。

評価項目に合理性、整合性がないと、業績評価について、執行役員の理解を得ることができず、勤労意欲の向上を図ることができません。

例えば、営業部門担当役員の場合、評価項目は次のとおりとします。

・担当部門の売上高の対前年比

・担当部門の営業利益の対前年比

・リーダーシップ

・業務遂行に対する姿勢、態度（積極性、責任性、計画性等）

（5）総合評価

各項目の評価をもとに総合評価を行うのがよいでしょう。

（6）本人の意見聴取

評価の透明性、納得性を向上させるため、評価者は、評価を行うに当たり、執行役員本人の意見を聴取するものとします。

（7）評価対象期間

　評価対象期間は、決算年度に合わせるのが合理的です。

（8）評価実施時期

　評価の実施時期を定めます。

（9）本人へのフィードバック

　評価結果の取り扱いについては、

　　・本人に伝える

　　・会社が必要と認めた場合に限って本人に伝える

　　・本人が希望すれば伝える

　　・本人にはいっさい伝えない

などがあります。

　評価は、執行役員の処遇に差を付けることだけを目的として行われるものではありません。もしも、そのような目的のために行われるものであれば、その結果を本人に伝える必要はないでしょう。

　しかし、評価には、本人の自己開発、自己啓発を促すという目的もあります。むしろ、自己開発・自己啓発の促進という目的のほうが重要度が高いともいえます。このため、評価の結果は本人にフィードバックするのがよいでしょう。

（10）処遇への反映

　評価の結果は、次のものに反映させることを定めます。

　　・再任の可否

　　・役位の昇格、降格

　　・月次報酬

　　・賞与

3　モデル規程

執行役員業績評価規程

（総　則）

第1条　この規程は、執行役員の業績評価について定める。

（目　的）

第2条　会社は、次の目的で執行役員の業績評価を行う。

　⑴　業績に応じた公正な処遇を行うこと

　⑵　インセンティブの向上を図ること

　⑶　自己開発、自己啓発を促進すること

（評価の対象者）

第3条　評価の対象者は、すべての執行役員とする。

（評価者）

第4条　評価は、社長が行う。

（評価項目）

第5条　評価項目は、次のとおりとする。

　⑴　営業部門担当の執行役員

　　①　担当部門の売上高の対前年比

　　②　担当部門の営業利益の対前年比

　　③　業務遂行に対する姿勢、態度（積極性、責任性、計画性等）

　　④　リーダーシップ

　⑵　生産部門担当の執行役員

　　①　生産計画の達成率

　　②　生産コストの金額

　　③　不良品の発生率

　　④　業務遂行に対する姿勢、態度（積極性、革新性等）

　　⑤　リーダーシップ

　⑶　研究部門担当の執行役員

　　①　研究業務の成果

　　②　研究業務の生産性、効率性

　　③　業務遂行に対する姿勢、態度（独創性、責任性等）

　　④　部下のマネジメント

　　⑤　リーダーシップ

　⑷　管理部門担当の執行役員

　　①　管理業務の成果（業務の質、業務の量）

　　②　業務の生産性、効率性

　　③　業務遂行に対する姿勢、態度（積極性、責任性、計画性等）

　　④　リーダーシップ

２　評価の区分は、次による。

　　　　S評価＝きわめて優れていた

　　　　A評価＝優れていた

　　　　B評価＝普通

　　　　C評価＝やや不十分だった

　　　　D評価＝不十分だった

（総合評価）

第6条　各項目の評価をもとに総合評価を行う。

（本人の意見聴取）

第7条　社長は、評価を行うに当たり、本人の意見を聴取する。

（評価対象期間）

第8条　評価対象期間は、次のとおりとする。

　　　　（評価対象期間）前年4月〜当年3月

（評価実施時期）

第9条　評価は、毎年4月に行う。

（本人へのフィードバック等）

第10条　社長は、評価の結果を取締役会に報告すると同時に、本人

にフィードバックする。

(処遇への反映)

第11条　評価の結果は、次のものに反映させる。

　⑴　再任

　⑵　役位 (専務執行役員、常務執行役員、執行役員) の昇格、降格

　⑶　月次報酬

　⑷　賞与

　⑸　取締役への昇格

　(付　則) この規程は、 年　月　日から施行する。

様式(1)　執行役員業績評価表（営業部門担当の場合）

執行役員業績評価表（　年度）			
役職名		氏　名	
（評語）S＝きわめて優れていた　　A＝優れていた　　　B＝普通 　　　　C＝やや不十分だった　　D＝不十分だった			
評価項目		評　価	
(1)　担当部門の売上高, 受注高（対前年比）		S―A―B―C―D	
(2)　担当部門の営業利益（対前年比）		S―A―B―C―D	
(3)　業務遂行の積極性		S―A―B―C―D	
(4)　業務遂行の責任性		S―A―B―C―D	
(5)　業務遂行の計画性		S―A―B―C―D	
(6)　リーダーシップ		S―A―B―C―D	
総合評価		S―A―B―C―D	

様式(2)　執行役員業績評価表（生産部門担当の場合）

執行役員業績評価表（　年度）			
役職名		氏　名	
（評語）S＝きわめて優れていた　　A＝優れていた　　　B＝普通 　　　　C＝やや不十分だった　　D＝不十分だった			
評価項目		評　価	
(1)　生産計画の達成率		S―A―B―C―D	
(2)　生産コストの効率性		S―A―B―C―D	
(3)　生産品の品質（不良品の発生率）		S―A―B―C―D	
(4)　業務遂行の積極性		S―A―B―C―D	
(5)　業務遂行の革新性		S―A―B―C―D	
(6)　リーダーシップ		S―A―B―C―D	
総合評価		S―A―B―C―D	

様式(3)　執行役員業績評価表（研究部門担当の場合）

執行役員業績評価表（　年度）			
役職名		氏　名	

（評語）S＝きわめて優れていた　　A＝優れていた　　　　B＝普通
　　　　C＝やや不十分だった　　　D＝不十分だった

評価項目	評　価
(1)　研究業務の成果	S—A—B—C—D
(2)　研究業務の生産性、効率性	S—A—B—C—D
(3)　業務遂行の独創性	S—A—B—C—D
(4)　業務遂行の責任性	S—A—B—C—D
(5)　部下のマネジメント	S—A—B—C—D
(6)　リーダーシップ	S—A—B—C—D
総合評価	S—A—B—C—D

様式(4)　執行役員業績評価表（管理部門担当の場合）

執行役員業績評価表（　年度）			
役職名		氏　名	

（評語）S＝きわめて優れていた　　A＝優れていた　　　　B＝普通
　　　　C＝やや不十分だった　　　D＝不十分だった

評価項目	評　価
(1)　担当部門の業務の成果（質、量）	S—A—B—C—D
(2)　担当部門の業務の生産性、効率性	S—A—B—C—D
(3)　業務遂行の積極性	S—A—B—C—D
(4)　業務遂行の責任性	S—A—B—C—D
(5)　業務遂行の計画性	S—A—B—C—D
(6)　リーダーシップ	S—A—B—C—D
総合評価	S—A—B—C—D

第6節

執行役員リスクマネジメント規程

1　規程の趣旨

　会社による不祥事が後を絶ちません。

　不祥事が表面化し、新聞やテレビで大きく報道されると、会社の信用は著しく低下します。ブランドの価値も下落します。

　一般の消費者を対象として商品を販売している会社の場合は、商品の売上が激減し、経営の基盤が揺らぐことになります。

　社会的な信用の形成には、長い時間と努力が必要です。しかし、その低下は一瞬にして生じます。マスコミで会社の不祥事が報道されると、その瞬間から消費者に「あの会社はモラルに欠ける」「商売第一で、倫理感がない」というマイナスの印象を持たれてしまいます。マイナスの印象は、ストレートに商品の不買へと発展します。

　低下した社会的信用を回復することは、容易ではありません。長い時間と多くの労力が必要となります。

　執行役員は、部門の最高責任者です。不祥事が生じるか生じないかは、最高責任者の姿勢によって大きく左右されます。このため、執行役員に対し、担当部門において不祥事が生じることのないよう、監督責任を果すことを求めます。

2　規程の内容

（1）リスクの範囲

　はじめに、会社の業種・業態および執行役員の業務内容を踏まえて、リスクの範囲を具体的に定めます。

一般の会社の場合、主なリスクとしては、次のようなものがあります。

① 不良商品・欠陥商品の出荷

誤って不良商品、欠陥商品を出荷すると、ブランドの価値と会社の信用は著しく失墜し、売上の減少を招きます。

② 事実と異なる商品表示

商品の内容、容量、品質、機能等は、正しく表示することが必要です。事実と異なる表示を行ってはなりません。

③ 事実と異なる商品広告

商品の販売において、広告が果たす効果はきわめて大きいといえます。売上を増やすために事実と異なる過大広告、過剰広告、虚偽広告を行うようなことがあってはなりません。

④ 同業者との談合

公正な競争を制限するために行われる談合は、独占禁止法で禁止されています。談合を行うと、公共工事の入札から締め出されるなどの制裁を受けます。

⑤ 取引先との癒着

会社は、取引先との間において正常なビジネス関係を保つべきです。癒着し、不正な商行為を行うようなことがあってはなりません。

⑥ 業務上の地位、権限を利用した個人的利益の享受

業務上の地位や権限を利用して個人的な利益を得ることは、会社を裏切るものであり、本来的に許されないことです。

⑦ 特定株主への利益供与

総会屋への利益供与事件がしばしば摘発されますが、利益供与は会社法で禁止されています。利益供与が発覚すると、会社の社会的信用は著しく失墜します。

⑧ 反社会的勢力への利益提供

反社会的な勢力に対し、金銭その他の経済的な利益を提供するこ

とは許されません。

⑨　インサイダー取引

　経営情報を利用して自社や取引先の株式を売買して不正な利益を得ることは、金融商品取引法で禁止されています。

⑩　会社の金銭・物品の横領、窃取

　会社の金銭、商品、資材、備品等を横領したり、窃取したりすることは、重大な犯罪です。

⑪　重要な営業情報の漏洩

　技術情報、取引先情報などの重要な情報が外部に漏洩、流出すると、営業面で被害が発生します。

⑫　顧客の個人情報の漏洩

　顧客情報の漏洩事件がしばしば生じますが、そのような事件が生じると、会社の社会的信用が低下します。

⑬　会社の印章の不正使用

　会社印、社長印、銀行印などの印章が不正に使用されると、経営面で重大な影響を受けます。不正使用は、重大な犯罪です。

⑭　会社法、独占禁止法、不正競争防止法等に違反する行為

　会社は、会社法、独占禁止法、不正競争防止法、不正表示防止法、金融商品取引法、特許法などに違反することをしてはなりません。

⑮　業務上の災害（労災）

　労災事故が発生すると、社員の健康と生命に重大な影響が出ます。職場の安全と衛生には、十分注意を払わなければなりません。

⑯　自然環境の汚染

　会社は、生産活動、販売活動などを通して自然環境を汚染しやすい立場にあります。しかし、そのようなことがあってはなりません。省エネルギー、廃棄物の再利用などにより、自然環境の保全に十分注意を払うことが必要です。

⑰　他の社員への性的な嫌がらせ

職場において、他の社員に対する性的な嫌がらせ（セクハラ）が生じるようなことがあってはなりません。

⑱　所管官庁への虚偽報告

会社は、所管官庁に対してさまざまな報告をすることが義務付けられています。報告は、正しく行われることが必要です。虚偽の報告を行うと、会社の責任が問われます。

⑲　他社の知的財産権の侵害

他社の特許権、意匠権などを侵害するようなことがあってはなりません。

（2）監督責任

執行役員は、担当部門においてリスクが発生することのないように部下を管理監督しなければならない旨明確にします。

（3）権限行使

リスクの発生を防ぐためには、執行役員に一定の権限を付与することが必要不可欠です。権限を与えることなく、「担当部門においてリスクが発生することのないように努めてくれ」と指示しても、効果は期待できません。

このため、執行役員は、担当部門においてリスクが発生することのないようにするため、執行役員としての権限を自由に行使できるものとします。

（4）リスク防止策の実施

執行役員に対し、リスクの発生を防止するために、次のうちいずれか1つまたは2つ以上を講じることを義務付けます。

①　部下からの誓約書の提出

部下から「法律および会社の規則・規程を誠実に遵守して業務を遂行することを誓います」という趣旨の文書を提出させます。

②　職場における法律遵守ポスターの掲出

職場に「法律および会社の規則・規程を守って業務を遂行しよう」

という趣旨のポスターを掲出します。

③　法律遵守意識を高める社員研修

業務に関係する法律についての知識を習得するための研修会を開催し、法律遵守意識を高めます。

④　内部通報制度（ホットライン）

職場において法律違反行為が生じたときは、その内容を通報するシステムを整備します。

⑤　業務の二重チェックシステム

業務の二重チェックシステムを構築することも、不祥事の発生を防止する効果的な方策です。

⑥　部下の定期的な配置転換

特定の業務を長い間続けていると、不祥事が生じ易い。このため、定期的に配置転換を実施します。

⑦　部下の公平な処遇

処遇が公正でないと、不平不満から不祥事が生じることになります。このため、公平な処遇を行います。

⑧　部下との密接なコミュニケーション

密接なコミュニケーションによって部下の考えを吸収することは、不祥事の防止に効果的です。

なお、これらの防止策の中には、部門単独では実施が難しいもの、他部門の協力を得て実施するほうが良いものもあります。例えば、法律遵守意識を高めるための社員研修は、人事部門や法務部門などの協力を求めて実施するほうが効果的です。

このため、執行役員は、これらの防止策の実施について、必要に応じ、関係各部門の協力を求めることができるものとします。

（5）実施報告

執行役員に対し、担当部門におけるリスク防止策の実施状況を定期的に社長に報告することを求めます。

（6）発生報告

　執行役員に対し、担当部門においてリスクが発生したときは、直ちに社長に報告することを義務付けます。

（7）対策の実施

　執行役員に対し、担当部門において発生したリスクについて、直ちに適切な対策を講じることを求めます。なお、対策については、必要に応じ、関係各部門と協議するものとします。

（8）免責の制限

　執行役員は、担当部門においてリスクが発生した場合、次のことを理由としてその責任を免れることはできない旨定めます。

　　・業務がきわめて忙しく監督が及ばなかったこと

　　・会社の利益を図る目的で行われたこと

　　・法律または規則・規程について正しい知識がなかったこと

3　モデル規程

執行役員リスクマネジメント規程

（総　則）

第1条　この規程は、執行役員のリスクマネジメントについて定める。

（リスクの範囲）

第2条　この規程において「リスク」とは、次のものをいう。

　（1）　不良商品・欠陥商品の出荷

　（2）　事実と異なる商品表示

　（3）　事実と異なる商品広告

　（4）　同業者との談合

　（5）　取引先との癒着

(6)　業務上の地位、権限を利用した個人的利益の享受

(7)　特定株主への利益供与

(8)　反社会的勢力への利益提供

(9)　インサイダー取引

(10)　会社の金銭、物品の横領、窃取

(11)　重要な営業情報の漏洩

(12)　顧客の個人情報の漏洩

(13)　会社の印章の不正使用

(14)　会社法、独占禁止法、不正競争防止法等に違反する行為

(15)　業務上の災害（労災）

(16)　自然環境の汚染

(17)　他の社員への性的な嫌がらせ

(18)　所管官庁への虚偽報告

(19)　他社の知的財産権の侵害

(20)　その他会社の経営に重大な支障を与え、または、会社の信用
　　　を著しく低下させる行為

（監督責任）

第3条　執行役員は、担当部門においてリスクが発生することのな
　　　いように部下をよく管理監督しなければならない。

（権限行使）

第4条　執行役員は、担当部門においてリスクが発生することのな
　　　いようにするため、執行役員としての権限を自由に行使すること
　　　ができる。

（リスク防止策の実施）

第5条　執行役員は、リスクの発生を防止するため、次のうちいず
　　　れか1つまたは2つ以上を講じなければならない。

(1)　部下からの誓約書の提出

(2)　職場に法律遵守を呼びかけるポスターを掲出すること

⑶　法律遵守意識を高める社員研修

⑷　内部通報制度（ホットライン）

⑸　業務の二重チェックシステム

⑹　部下の定期的な配置転換

⑺　部下の公平な処遇

⑻　部下との密接なコミュニケーション

2　執行役員は、前項で定める防止策の実施について、必要に応じ、関係各部門の協力を求めることができる。

（実施報告）

第6条　執行役員は、前条に定めるリスク防止策の実施状況を毎年1度、社長に報告しなければならない。

（発生報告）

第7条　執行役員は、担当部門においてリスクが発生したときは、直ちに社長に報告しなければならない。

（対策の実施）

第8条　執行役員は、担当部門において発生したリスクについて、直ちに適切な対策を講じなければならない。

2　対策については、必要に応じ、関係各部門と協議するものとする。

（免責の制限）

第9条　執行役員は、担当部門においてリスクが発生した場合、次のことを理由としてその責任を免れることはできない。

⑴　業務がきわめて忙しく監督が及ばなかったこと

⑵　会社の利益を図る目的で行われたこと

⑶　法律または規則・規程について正しい知識がなかったこと

（付　　則）この規程は、　年　月　日から施行する。

（様式）リスク防止策実施報告書

年　月　日

取締役社長　殿

（執行役員）＿＿＿＿＿＿＿

リスク防止策実施報告書（　年度）

次のとおりリスク防止策を実施しました。

□誓約書の提出 □法律遵守ポスターの掲出 □法律遵守研修 □内部通報制度 □業務ダブルチェックシステム	□部下の配置転換 □部下の公平な処遇 □部下との密接なコミュニケーション □その他（　　　　　　　　　　　）

特記事項	

第7節
執行役員危機管理規程

1　規程の趣旨

　経営は、常に危機に付きまとわれています。危機とはいっさい関係ないとか、危機は絶対に生じないという会社はありません。

　経営を取り巻く環境が複雑化し、会社間の競争が激しくなっているため、危機に見舞われる可能性が高くなっているといえます。

　経営危機は、その性格上、いつ、どこで、どのような形で発生するか予測できませんが、不幸にして危機に見舞われたときは、組織を挙げて、迅速、かつ、的確に対応することが必要です。対応が遅れれば遅れるほど、会社が受ける経済上、信用上のダメージが大きくなると同時に、その解決が困難になります。場合によっては、倒産という悲劇を招くこともあります。実際、ここ数年の間において、対応の遅れが災いして倒産に追い込まれた事例がいくつも生じています。

　経営危機が発生した場合に、迅速、かつ、的確に行動するためには、あらかじめ行動指針（対応マニュアル）が明確になっていることが必要です。

　このため、経営の第一線で指揮をとる立場にある執行役員に対し、危機発生時に取るべき行動指針を明確にしておくことが望ましいといえます。

2　規程の内容

（1）経営危機の範囲

　一口に「経営危機」といっても、それによってイメージする内容は、人によって異なります。きわめて広く解釈する人もいれば、狭く解釈する人もいます。このため、はじめに、「経営危機」の範囲を定めます。例えば、次の場合を「経営危機」とします。

- ・消費者の安全と衛生、健康と生命に影響を与える不良商品・欠陥商品を誤って出荷したとき
- ・商品の包装等に事実と異なる表示をしたとき
- ・第三者によって商品に毒物、危険物を混入されたとき
- ・重大な労働災害を発生させたとき
- ・営業上きわめて重要な情報が外部に流出したとき
- ・会社の知的財産権が第三者によって侵害されたとき
- ・情報システムがダウンしたとき
- ・重要な取引先が倒産したとき、または、経営危機に陥ったとき
- ・会社として法律に違反する行為をしたとき
- ・社員が法律に違反する行為をして逮捕されたとき
- ・社員の健康または生命に影響を与える事案が生じたとき
- ・その他業務の正常な運営に著しい支障を与える事案、または会社の信用を著しく低下させる事案が生じたとき

（2）報告義務

　執行役員に対し、担当部門において経営危機が発生したときは、直ちに社長および関係各部門に次の事項を報告することを義務付けます。

- ・発生した事案の具体的内容
- ・発生した日時
- ・その他必要事項

（3）対応策の協議

　経営危機の中には、１つの部門だけで対応できる事案もありますが、多くは、２つ以上の部門にまたがるものです。複数の部門にまたがる事案は、関係部門がその対応を協議することが望ましいといえます。各部門がバラバラに対応するのはよくありません。

　このため、執行役員に対し、関係部門との間において、発生した事案への対応策を協議することを義務付けます。

　なお、対応策が適切でないと、会社の姿勢が社会的な批判の対象となります。そこで、対応策の決定に当たっては、次の事項に十分留意することを求めます。

　・法律の規定

　・行政官庁の指導方針

　法律の規定または行政官庁の指導方針が明確でないときは、良識に基づいて対応策を決定するものとします。

（4）不適切な対応策の禁止

　次のことを理由として、不適切な対応策を決定してはならない旨定めます。

　・対策に手間とコストがかかること

　・会社の営業上の信用が低下するおそれがあること

　・同業他社に顧客を奪われること

　・社内における自らの立場が悪くなること

（5）社長への報告

　執行役員は、対応策を決定したときは、直ちに社長に報告し、その承認を得なければならないものとします。

（6）対応策の実施

　対応策は、迅速に実施に移すことが必要です。実施が遅くなればなるほど、被害が拡大する危険性があるからです。このため、執行役員に対し、関係各部門との協議において決定された対応策を迅速

に実施することを求めます。

（7）対応策の実施手続き

経営危機への対応策は、会社として実施するものです。執行役員が個人的に実施するものではありません。このため、執行役員は、対応策を実施するときは、あらかじめ社長に報告し、その許可を得るものとします。

（8）部下への指示命令

経営危機に対しては、組織的に対応することが必要です。このため、執行役員は、次の事項について、部下に対し、適切に指示命令しなければならないことを定めます。

・情報の収集
・関係部門との連絡
・対応策の検討
・対応策の実施

（9）所管官庁への届出等

経営危機に関し、次の事項は、総務部長が会社を代表して行うものとし、執行役員は独断で行ってはならないものとします。

・所管官庁への届出
・警察への届出
・報道機関への対応

（10）職務の優先順位

経営危機に対しては、迅速に対応することが必要です。このため、執行役員に対し、経営危機が発生した場合は、その解決を最優先させて職務を遂行することを義務付けます。

（11）再発防止策

経営危機が再発することは許されません。再発を防ぐためには、効果的な防止策を講ずることが必要です。この場合、経営危機が発生した原因が究明されないと、効果的な再発防止策の検討は困難で

す。

　このため、執行役員に対し、

　・経営危機が発生した原因の究明

　・効果的な再発防止策の決定

を義務付けます。

（12）再発防止策の社長報告

　再発防止策を決定したときは、次の内容を社長に報告し、承認を得るものとします。

　・再発防止策の具体的な内容

　・再発防止策の実施によって期待される効果

（13）再発防止策の実施

　執行役員に対し、社長によって承認された再発防止策を何よりも優先して強力に実施することを求めます。

（14）取締役会への総括報告

　執行役員は、経営危機が終息したときは、直後の取締役会において、次の事項を報告しなければならないものとします。

　・経営危機の内容、発生日時

　・経営危機が発生した原因

　・経営危機解決のために講じた措置

　・経営危機解決のために講じた措置の効果

　・経営危機が経営に与えた影響

　・経営危機の再発防止策

　・その他必要事項

（15）監督責任

　執行役員は、部門の最高責任者です。したがって、部下が故意に経営危機を発生させた場合は、その監督責任を免れることができない旨明記します。

(16) 行為責任

執行役員は、次の場合には、その責任を負うべきことを定めます。

・経営危機に関する情報を社長に報告しなかったとき、または、報告が著しく遅れたとき
・経営危機に関する情報を社長に正確に報告しなかったとき
・経営危機の解決に真剣に取り組まなかったとき
・経営危機が発生した原因の究明に真剣に取り組まなかったとき
・再発防止策を講じなかったために、経営危機が再発したとき
・その他執行役員として不適切な行為があったとき

3　モデル規程

執行役員危機管理規程

（総　則）

第1条　この規程は、経営危機が生じた場合における執行役員の対応を定めるものである。

（経営危機の範囲）

第2条　この規程において「経営危機」とは、次の場合をいう。

(1)　消費者の安全と衛生、健康と生命に影響を与える不良商品・欠陥商品を誤って出荷したとき

(2)　商品の包装等に事実と異なる表示をしたとき

(3)　第三者によって商品に毒物、危険物を混入されたとき

(4)　重大な労働災害を発生させたとき

(5)　営業上きわめて重要な情報が外部に流出したとき

(6)　会社の知的財産権が第三者によって侵害されたとき

(7)　情報システムがダウンしたとき

(8)　重要な取引先が倒産したとき、または、経営危機に陥ったとき

(9)　会社として法律に違反する行為をしたとき

(10)　社員が法律に違反する行為をして逮捕されたとき

(11)　社員の健康または生命に影響を与える事案が生じたとき

(12)　その他業務の正常な運営に著しい支障を与える事案、または会社の信用を著しく低下させる事案が生じたとき

（報　告）

第3条　執行役員は、担当部門において経営危機が発生したときは、直ちに社長および関係各部門に次の事項を報告しなければならない。

(1)　発生した事案の具体的内容

(2)　発生した日時

(3)　その他必要事項

（対応策の協議）

第4条　執行役員は、関係部門との間において、発生した事案への対応策を協議しなければならない。

（対応策決定の留意事項）

第5条　執行役員は、対応策の決定に当たっては、次の事項に十分留意しなければならない。

(1)　法律の規定

(2)　行政官庁の指導方針

2　法律の規定または行政官庁の指導方針が明確でないときは、良識に基づいて対応策を決定しなければならない。

3　次のことを理由として、不適切な対応策を決定してはならない。

(1)　対策に手間とコストがかかること

(2)　会社の営業上の信用が低下するおそれがあること

(3)　同業他社に顧客を奪われること

(4)　社内における自らの立場が悪くなること

（社長への報告）

第6条　執行役員は、対応策を決定したときは、直ちに社長に報告し、その承認を得なければならない。

（対応策の実施）

第7条　執行役員は、関係各部門との協議において決定された対応策を迅速に実施しなければならない。

（実施手続き）

第8条　執行役員は、対応策を実施するときは、あらかじめ社長に報告し、その許可を得なければならない。

（部下への指示命令）

第9条　執行役員は、次の事項について、部下に対し、適切に指示命令しなければならない。

　⑴　情報の収集

　⑵　関係部門との連絡

　⑶　対応策の検討

　⑷　対応策の実施

（所管官庁への届出等）

第10条　経営危機に関し、次の事項は、総務部長が会社を代表して行うものとし、執行役員は独断で行ってはならない。

　⑴　所管官庁への届出

　⑵　警察への届出

　⑶　報道機関への対応

2　執行役員は、総務部長から前項の事項について協力を求められたときは、これに協力しなければならない。

（職務の優先順位）

第11条　執行役員は、経営危機が発生した場合、その解決を最優先させて職務を遂行しなければならない。

（再発防止策）

第12条　執行役員は、経営危機が発生した原因を究明し、再発防止策を決定しなければならない。

2　再発防止策を決定したときは、次の内容を社長に報告し、承認を得なければならない。

　(1)　再発防止策の具体的な内容と実施の時期

　(2)　再発防止策の実施によって期待される効果

（再発防止策の実施）

第13条　執行役員は、社長によって承認された再発防止策を強力に実施しなければならない。

（取締役会への総括報告）

第14条　執行役員は、経営危機が終息したときは、直後の取締役会において、次の事項を報告しなければならない。

　(1)　経営危機の内容、発生日時

　(2)　経営危機が発生した原因

　(3)　経営危機解決のために講じた措置

　(4)　経営危機解決のために講じた措置の効果

　(5)　経営危機が経営に与えた影響

　(6)　経営危機の再発防止策

　(7)　その他必要事項

（監督責任）

第15条　執行役員は、部下が故意に経営危機を発生させた場合、その監督責任を免れることができない。

（行為責任）

第16条　執行役員は、次の場合には、その責任を負わなければならない。

　(1)　経営危機に関する情報を社長に報告しなかったとき、または、報告が著しく遅れたとき

(2) 経営危機に関する情報を社長に正確に報告しなかったとき

(3) 経営危機の解決に真剣に取り組まなかったとき

(4) 経営危機が発生した原因の究明に真剣に取り組まなかったり故意に怠ったとき

(5) 再発防止策を講じなかったために、経営危機が再発したとき

(6) その他執行役員として不適切な行為があったとき

（付　則）この規程は、　年　月　日から施行する。

執行役員接待費支出規程

1　規程の趣旨

　執行役員は、担当部門の最高責任者です。

　担当部門の業務を円滑に進めていくうえで、取引先の接待は、きわめて重要で必要不可欠です。スポーツや飲食を共にすることにより、取引先とのコミュニケーションを密にし、親しくなれます。また、オフィスを離れているという気安い雰囲気の中で、仕事に関する重要な情報を入手することもできます。

　しかし、接待は、遊びや飲食を伴う行為であるため、とかく費用が増大しがちです。1人で接待すれば済むのに、2人、3人で接待したり、あるいは1人5,000円程度で済ますべきところを7,000円も、8,000円もかけたりしてしまいます。

　場合によっては、仲間内だけで飲食し、その費用を「取引先の接待」という名目で会社に請求したりします。

　その効果を直接的・数値的に把握することができないことも、接待費の問題点といえます。「接待をすれば受注に結びつく」「仕事を取るためには接待が必要だ」「受注量が少ないのは、接待費が少ないからではないか」と考えて、接待を繰り返す。

　接待費は、その性格上とかく増大しがちであるため、会社として、一定の歯止めを掛けることが必要です。社長や経理担当役員が「接待費は必要最小限にとどめるように」とか、「接待費は有効に使うように」と指示しただけでは、減るものではありません。

　歯止めを掛ける方法には、実務的にさまざまなものが考えられま

すが、支出基準を規程として取りまとめ、執行役員に周知すること
も効果的です。

2　規程の内容

（1）接待費の範囲

はじめに、接待費の範囲を決めます。例えば、次のとおりとしま
す。

- ・スポーツ（ゴルフ等）への招待に要する費用
- ・スポーツ観戦への招待に要する費用
- ・観劇、ショーへの招待に要する費用
- ・飲食店での飲食
- ・上記にかかわる交通費

冠婚葬祭費、中元・歳暮の贈答、寄付、賛助広告などは、別の基
準で処理します。

（2）支出の原則

接待費は、その金額のいかんにかかわらず、常に有効、かつ、適
切に支出されなければなりません。

（3）支出の手続き

接待費の支出手続きについては、

- ・金額のいかんにかかわらず、執行役員の自由裁量に委ねる
- ・一定金額以上のものについては、社長の決裁を必要とする
- ・金額のいかんにかかわらず、社長の決裁を必要とする

の3つがあります。

少額の接待費の支出は、現場の指揮官である執行役員の裁量に委
ね、一定金額以上のものについてのみ、社長の決裁を必要とするこ
とにします。

（4）領収書の受取り

接待費を現金で支出したときは、必ず領収書を受け取るものとし

ます。

（5）支払日

　請求書による支払の場合の支払日を定めます。

3　モデル規程

執行役員接待費支出規程

（総　則）

第1条　この規程は、執行役員の接待費の取り扱いを定める。

（接待費の範囲）

第2条　この規程において接待費の範囲は、次のとおりとする。

　⑴　スポーツ（ゴルフ等）への招待に要する費用

　⑵　スポーツ観戦への招待に要する費用

　⑶　観劇、ショーへの招待に要する費用

　⑷　飲食店での飲食

　⑸　上記にかかわる交通費

（支出の原則）

第3条　接待費は、その金額のいかんにかかわらず、常に有効、か
　つ、適切に支出されなければならない。

（支出の手続き）

第4条　執行役員は、部門ごとに決められた予算の枠の範囲内で、
　自らの判断により、接待費を支出することができる。

　2　前項の規定にかかわらず、1件3万円以上にわたるときは、あ
　らかじめ次の事項を申し出て社長の許可を得なければならない。

　⑴　接待先

　⑵　接待の方法、場所

　⑶　接待の日時

(4)　会社側出席者

(5)　接待の費用

（領収書の受取り）

第 5 条　接待費を現金で支出したときは、必ず会社の名前を記入した領収書を受け取るものとする。

（支払日）

第 6 条　請求書による支払の場合、支払日は原則として次のとおりとする。

　　　　（支払日）月末締切り翌月末日払い

（付　則）この規程は、　年　月　日から施行する。

（様式）接待費支出伺い

取締役社長　殿	年　月　日
	（執行役員）＿＿＿＿
接待費支出伺い	

(1)　接待先	
(2)　接待の方法、場所	
(3)　接待月日	年　月　日　（　）
(4)　会社側出席者	
(5)　接待費用の金額	
備　考	

取引先慶弔見舞金規程

1　規程の趣旨

　取引先の慶弔事に対しては、会社として慶弔見舞金を贈るのが一般的です。これにより、取引先との信頼関係が形成され、結び付きが強化されます。その結果、ビジネスがスムーズに進みます。

　逆に、何もしないと、「あの取引先は非常識である」「あの会社は冷たい」という印象を与え、その後のビジネスに悪い影響を及ぼします。

　慶弔見舞金は、会社として贈呈するものです。したがって、執行役員の判断に左右されて、部門によってその取り扱いに差異が生じるというのは好ましくありません。

　取引先に対する慶弔見舞金の贈呈を執行役員の判断に委ねるときは、その取り扱い基準を定めておくことが望ましいといえます。

2　規程の内容

（1）慶弔事の範囲

　はじめに、慶弔見舞金を贈呈する慶弔事の範囲を具体的に定めます。一般的にいえば、次のとおりとするのが妥当です。

- ・役員、社員の結婚
- ・役員、社員の子女の結婚
- ・社屋の落成（単なる移転は除く）
- ・役員、社員の自宅の新築（単なる転居は除く）
- ・社長就任

- ・役員、社員の公職就任
- ・役員、社員の叙勲
- ・役員、社員の昇進、栄転
- ・創業記念（10周年、15周年、20周年等、節目の年に当たり、取引先が祝賀行事を行う場合に限る）
- ・役員、社員の退職（餞別金）
- ・役員、社員の死亡（香典）
- ・役員、社員の家族の死亡（香典）
- ・役員、社員の入院
- ・会社または役員、社員の災害

（2）慶弔見舞金の贈呈

　執行役員は、担当部門の取引先において慶弔事があった場合に、自らの判断により、慶弔見舞金を贈呈できる旨定めます。

（3）贈呈金額

　贈呈する金額を具体的に定めます。金額は、取引先の重要度に応じて決めることにするのが現実的でしょう。例えば、

- ・きわめて重要な会社、人物
- ・重要な会社、人物
- ・比較的重要な会社、人物

の3つのランクに区分して決めます。

（4）社長名による贈呈

　贈呈は、会社として行うものです。したがって、社長名で行うことを明確にしておきます。

（5）相手の意向の尊重

　相手の中には、受取りを拒否する者がいます。このような場合に無理に贈呈するのはよくありません。贈呈に当たっては、相手の意向を十分尊重することを明確にしておきます。

（6）物品の贈呈

執行役員は、必要であると判断したときは、同額程度の品物を贈呈することにより、慶弔見舞金の贈呈に代えることができるものとします。

（7）事前の届出

慶弔見舞金を贈呈するときは、あらかじめ次の事項を社長に申し出てその許可を得ることにします。

　・贈呈先

　・贈呈する事由（慶弔事の内容）

　・贈呈する金額または品物

　・贈呈月日

　・贈呈方法

（8）基準外の対応

取引先の慶弔に対しては、柔軟に対応することも必要です。このため、執行役員は、会社が定める基準によらないほうがよいと判断されるときは、社長にその理由を説明し、社長の決裁を得て、基準外の対応ができるものとします。

3　モデル規程

取引先慶弔見舞金規程

（総　則）

第1条　この規程は、取引先に対する慶弔見舞金の取り扱いについて定める。

（慶弔の範囲）

第2条　慶弔見舞金を贈呈する慶弔事の範囲は、次のとおりとする。

　(1)　役員・社員の結婚

⑵　役員・社員の子女の結婚

⑶　社屋の落成（単なる移転は除く）

⑷　役員・社員の自宅の新築（単なる転居は除く）

⑸　社長就任

⑹　役員・社員の公職就任

⑺　役員・社員の叙勲

⑻　役員・社員の昇進・栄転

⑼　創業記念（10周年、15周年、20周年等、節目の年に当たり、取引先が祝賀行事を行う場合に限る）

⑽　役員・社員の退職（餞別金）

⑾　役員・社員の死亡（香典）

⑿　役員・社員の家族の死亡（香典）

⒀　役員・社員の入院

⒁　会社または役員・社員の災害

（慶弔見舞金の贈呈）

第3条　執行役員は、担当部門の取引先において慶弔事があった場合には、慶弔見舞金を贈呈することができる。

2　複数の部門がその取引先とかかわっているときは、関係部門の執行役員が協議してその取り扱いを決定するものとする。

（贈呈金額）

第4条　贈呈する金額の基準は、別表のとおりとする。

（社長名による贈呈）

第5条　贈呈は、原則として社長名で行う。

（相手の意向の尊重）

第6条　贈呈に当たっては、相手の意向を十分尊重しなければならない。

（物品の贈呈）

第7条　執行役員は、必要であると判断したときは、同額程度の品

物を贈呈することにより、慶弔見舞金の贈呈に代えることができる。

（届　出）

第8条　執行役員は、慶弔見舞金を贈呈するときは、あらかじめ次の事項を社長に申し出て、その決裁を得るものとする。

(1)　贈呈先

(2)　贈呈する事由（慶弔事の内容）

(3)　贈呈する金額または品物

(4)　贈呈月日

(5)　贈呈方法

（基準外の対応）

第9条　執行役員は、この規程で定める基準によらないほうがよいと判断されるときは、社長にその理由を説明し、その決裁を得なければならない。

（付　則）この規程は、　年　月　日から施行する。

（別表）慶弔見舞金基準表

(円)

	きわめて重要な 会社・人物	重要な 会社・人物	比較的重要な 会社・人物
(1)　結婚	50,000	30,000	20,000
(2)　子女結婚	30,000	20,000	10,000
(3)　社屋落成	100,000	50,000	30,000
(4)　自宅新築	50,000	30,000	20,000
(5)　社長就任	50,000	30,000	20,000
(6)　公職就任	30,000	20,000	10,000
(7)　叙勲	50,000	30,000	20,000
(8)　昇進・栄転	30,000	20,000	10,000
(9)　創業記念	30,000	20,000	10,000
(10)　退職（餞別金）	20,000	10,000	5,000
(11)　本人死亡	50,000	30,000	10,000
(12)　家族死亡	30,000	20,000	5,000
(13)　入院	20,000	10,000	5,000
(14)　災害（会社）	50,000	30,000	20,000
(15)　災害（個人）	30,000	20,000	10,000

（様式）慶弔見舞金贈呈伺い

年　月　日

取締役社長　殿

（執行役員）＿＿＿＿＿

慶弔見舞金贈呈伺い

(1)	贈呈先	
(2)	慶弔事の内容	
(3)	贈呈金額（物品名）	
(4)	贈呈月日	年　月　日　（　）
(5)	贈呈方法	
	備　考	

第 3 章

服務規律・
コンプライアンス

第1節

執行役員服務規律規程

1　規程の趣旨

　執行役員には、大きな権限と裁量権が付与されています。その権限と裁量権は、適正に行使されることが必要です。権限と裁量権を濫用したり、不正に使用したりすることは決して許されないことです。

　執行役員がその担当業務に関して、不正を働いたり、法律に反する行為をしたりすると、会社に損害が生じると同時に、会社の信用が著しく低下します。その結果、経営は重大な危機に陥ります。

　執行役員は、高い倫理感を堅持し、会社のために忠実に業務を遂行する義務があります。

　執行役員制度を導入するときは、執行役員が守るべき事項および行ってはならない事項を規程として取りまとめ、その周知徹底を図ることが望ましいでしょう。

　執行役員の服務規律規程を作成し、その周知徹底を図ることは、重要なコーポレートガバナンスです。

2　規程の内容

（1）法律の遵守
　執行役員に対し、
　・法律を遵守し、適正に業務を遂行すること
　・いかなる場合においても、法律違反行為および疑惑を抱かれる
　　行為を行わないこと

　・遵守すべき法律または適正な業務遂行のための要件が明らかで
　　ないときは、良識と常識をもって対処すること
を義務付けます。

（2）不正な利益の禁止

　執行役員に対し、

　・その地位と権限を利用して不正に個人的な利益を得てはならな
　　いこと
　・取引先等に対して個人的な利益の提供を要求してはならないこ
　　と
　・取引先等から、社会常識を超える接待を受け、贈り物を受け取っ
　　てはならないこと

を求めます。

（3）公務員等への贈賄等の禁止

　公共工事の受注を目的として公務員や政治家に金銭を贈ることは
固く禁止されています。しかし、現実には、贈賄事件がしばしばマ
スコミを賑わします。当然のことながら、贈賄が発覚すると、会社
は社会的な制裁を受けます。

　このため、執行役員に対し、

　・ビジネスを獲得すること、あるいは便宜を図ってもらうことを
　　目的として、公務員、政治家等に対し、贈賄、献金、接待、そ
　　の他不正な経済的利益を与えること
　・部下に対し、ビジネスを獲得すること、あるいは便宜を図って
　　もらうことを目的として、公務員、政治家等に不正な経済的利
　　益を与えることを指示命令すること

を固く禁止します。

（4）インサイダー取引の禁止

　職務上知り得た重要な経営情報を利用して自社あるいは取引先の
株式を売買して利益を得ることは、金融商品取引法によって禁止さ

れています。

　執行役員は、職務上、自社あるいは取引先の重要情報を知る立場にあります。このため、執行役員に対し、

- ・職務上知り得た重要な経営情報を利用して、会社の株式および債券の売買を行ってはならないこと
- ・職務上知り得た取引先の重要な経営情報を利用して、取引先の株式および債券の売買を行ってはならないこと
- ・職務上知り得た会社および取引先の重要な経営情報を第三者に洩らしてはならないこと

を求めます。

（5）独占禁止法の遵守

　独占禁止法は、会社に対し、公正で自由な競争を求めています。会社は、独占禁止法を遵守することが必要ですが、現実には、違反事件がしばしば生じます。

　このため、執行役員に対し、

- ・独占禁止法を遵守し、自由で公正な競争の原理原則を尊重すること
- ・独占禁止法に違反する行為をしないこと
- ・部下に対し、独占禁止法に違反する行為を指示命令しないこと

を求めます。

（6）法務担当者による契約のチェック

　執行役員に対し、競争を制限することになる契約を競業他社と締結するときは、あらかじめその内容について法務担当者のチェックを受け、独占禁止法に違反しないことを確認することを義務付けます。

（7）競争制限協定の禁止

　執行役員に対し、

- ・競業他社との間で、競争を制限する目的の協定（申し合わせを

含む）を結ばないこと

・競業他社から、競争を制限する目的の協定を結ぶことをもち掛
　けられたときは、これを拒否すること

・部下に対し、競業他社との間で競争を制限する目的の協定を結
　ぶことを指示命令しないこと

を求めます。

（8）不当な広告等の禁止

　メーカーや小売店による商品の不正表示がしばしば生じます。こ
のような不祥事が生じると、会社の信用は著しく失墜し、業績不振
を招きます。

　このため、執行役員に対し、

・商品について、事実と異なる不当な表示および広告を行うこと

・不当景品・表示防止法に違反する行為をすること

・部下に対し、不当景品・表示防止法に違反する行為を指示命令
　すること

を禁止します。

（9）他社の知的所有権侵害の禁止

　執行役員に対し、

・他社の特許権、実用新案権、意匠権、商標権、およびサービス
　マーク等の知的所有権を侵害する行為をしないこと

・部下に対し、他社の知的所有権を侵害する行為を指示命令しな
　いこと

を求めます。

（10）自然環境への配慮

　執行役員に対し、その業務を遂行するに当たり、自然環境に与え
る影響に十分配慮することを求めます。

（11）安全と衛生

　会社は、社員の安全と衛生に十分配慮する義務を負っています。

労働災害が生じると、社員の生命と健康が損なわれると同時に、会社の監督責任が問われます。会社の社会的信用が低下することはいうまでもありません。

　このため、部下に業務を指示命令する立場にある執行役員に対し、部下の安全と衛生に十分配慮することを求めます。

(12) プライバシーの尊重

　執行役員は、その業務を遂行するに当たり、社員のプライバシーを十分尊重しなければならないものとします。

(13) 差別的取り扱いの禁止

　執行役員は、日常的に部下と接する立場にあります。このため、執行役員に対し、宗教、信条、国籍、性別、身体障害または年齢を理由として、社員を差別的に取り扱うことを禁止します。

(14) 懲戒処分

　執行役員が服務規律規程に違反する行為をしたときは、懲戒処分の対象とする旨明記します。なお、懲戒処分の内容は、その情状を斟酌して取締役会で決定します。

(15) 損害賠償

　執行役員が服務規律規程に違反する行為を行い、それによって会社に損害を与えたときは、その損害を賠償しなければならないことを定めます。

3　モデル規程

執行役員服務規律規程

（総　則）

第1条　この規程は、執行役員の服務規律を定める。執行役員は、この規程に定められた服務規律を誠実に遵守しなければならない。

（法律の遵守）

第2条　執行役員は、法律を遵守し、高い倫理観を堅持し、適正に業務を遂行しなければならない。いかなる場合においても、法律に違反する行為および疑惑を抱かれる行為を行ってはならない。

2　執行役員は、遵守すべき法律または適正な業務遂行のための要件が明らかでないときは、良識と常識をもって対処しなければならない。

（不正な利益の禁止）

第3条　執行役員は、その地位と権限を利用して不正に個人的な利益を得てはならない。

2　執行役員は、取引先等に対して個人的な利益の提供を要求してはならない。

3　執行役員は、取引先等から、社会常識を超える接待を受け、贈り物を受け取ってはならない。

4　執行役員は、家族等の名義をもって取引先等から不正に利益を得てはならない。

（公務員等への贈賄等の禁止）

第4条　執行役員は、ビジネスを獲得すること、あるいは便宜を図ってもらうことを目的として、公務員、政治家等に対し、贈賄、献金、接待、その他不正な経済的利益を与えてはならない。

2　執行役員は、ビジネスを獲得すること、あるいは便宜を図ってもらうことを目的として、部下に対し、公務員、政治家等に不正な経済的利益を与えることを指示命令してはならない。

（インサイダー取引の禁止）

第5条　執行役員は、職務上知り得た会社の重要な経営情報を利用して、会社の株式および債券の売買を行ってはならない。

2　執行役員は、職務上知り得た取引先の重要な経営情報を利用して、取引先の株式および債券の売買を行ってはならない。

3　執行役員は、職務上知り得た会社および取引先の重要な経営情報を第三者に洩らしてはならない。

（独占禁止法の遵守）

第6条　執行役員は、独占禁止法を遵守し、自由で公正な競争の原理原則を尊重しなければならない。独占禁止法に違反する行為をしてはならない。

2　執行役員は、部下に対し、独占禁止法に違反する行為を指示命令してはならない。

（法務担当者による契約のチェック）

第7条　執行役員は、競争を制限することになる契約を競業他社と締結するときは、あらかじめその内容について法務担当者のチェックを受け、独占禁止法に違反しないことを確認しなければならない。

（競争制限協定の禁止）

第8条　執行役員は、競業他社との間で、競争を制限する目的の協定（申し合わせを含む）を結んではならない。

2　執行役員は、競業他社から、競争を制限する目的の協定を結ぶことをもち掛けられたときは、これを拒否しなければならない。

3　執行役員は、部下に対し、競業他社との間で競争を制限する目的の協定を結ぶことを指示命令してはならない。

（不当な広告等の禁止）

第9条　執行役員は、商品について、事実と異なる不当な表示および広告を行ってはならない。不当景品・表示防止法に違反する行為をしてはならない。

2　執行役員は、部下に対し、不当景品・表示防止法に違反する行為を指示命令してはならない。

（他社の知的所有権侵害の禁止）

第10条　執行役員は、他社の特許権、実用新案権、意匠権、商標権、

およびサービスマーク等の知的所有権を侵害する行為をしてはならない。

2　執行役員は、部下に対し、他社の知的所有権を侵害する行為を指示命令してはならない。

（自然環境への配慮）

第11条　執行役員は、その業務を遂行するに当たり、自然環境に与える影響に十分配慮しなければならない。

（安全と衛生）

第12条　執行役員は、部下に業務を指示命令するときは、その安全と衛生に十分配慮しなければならない。

2　執行役員は、職場における安全衛生の状況を定期的に点検し、必要に応じて必要な措置を講じなければならない。

（プライバシーの尊重）

第13条　執行役員は、その業務を遂行するに当たり、部下のプライバシーを十分尊重しなければならない。

（差別的取り扱いの禁止）

第14条　執行役員は、宗教、信条、国籍、性別、身体障害または年齢を理由として、部下を差別的に取り扱ってはならない。

（懲戒処分）

第15条　執行役員は、この服務規律規程に違反する行為をしたときは、懲戒処分の対象となる。懲戒処分の内容は、その情状を斟酌して取締役会で決定する。

（損害賠償）

第16条　執行役員は、この規程に違反する行為を行い、それによって会社に損害を与えたときは、その損害を賠償しなければならない。

（付　則）この規程は、　年　月　日から施行する。

第2節

執行役員コンプライアンス規程

1　規程の趣旨

　会社の経営については、会社法、独占禁止法、不正競争防止法、不当表示防止法など、さまざまな法律によって一定の規制が行われています。会社は、法律を誠実に遵守し、公正な取引を行うことが求められています。しかし、現実には、会社間の競争がきわめて激しいこともあり、法律違反事件がしばしば生じます。

　法律に違反すると、

・刑事罰を課せられる

・損害賠償金を請求される

・公共機関の競争入札から締め出される

などの制裁を課せられます。

　また、違反が新聞やテレビで報道されると、「不正な手段を使って取引をしている」「法律を無視している」ということで、会社の社会的信用が大きく低下します。信用が低下すれば、売上や受注の減少となってはね返り、経営は大きな影響を受けます。

　法律を遵守することを「コンプライアンス」といいます。

　執行役員は、担当部門の業務目標の達成という重い責任を負っています。激しい競争の中にあって、業務目標を達成することは決して容易ではありません。

　しかし、「目標を達成しなければならない」「目標を達成したい」という焦りや思いから、法律違反をするようなことがあってはなりません。

　会社は、執行役員に対して、コンプライアンス（法律の遵守）を強く求めるべきです。

2　規程の内容

（1）経営方針

　執行役員に対して、コンプライアンス（法律遵守）を求めるためには、まず、会社の経営方針を明確にすることが必要です。経営方針を明確に打ち出すことなく、執行役員にコンプライアンスを求めるのは正しい姿勢とはいえません。このため、会社は、コンプライアンスを経営の基本方針とする旨明記します。

（2）執行役員の義務

　執行役員に対し、会社の基本方針を踏まえ、法律を誠実に遵守して業務を遂行することを義務付けます。

（3）禁止事項

　執行役員に対し、次に掲げる行為を固く禁止します。

・自ら法律に違反する行為をすること
・部下に対し、法律に違反する行為を指示すること
・部下に対し、法律に違反する行為を教唆すること
・部下の法律違反行為を黙認すること

（4）拒否

　業務を遂行していると、同業者から談合などの法律違反行為を持ちかけられることがあります。執行役員に対し、同業者から法律違反行為を持ちかけられたときは、これを拒否することを求めます。

（5）免責の制限

　会社の法律違反が表面化したり、摘発されたりすると、当事者から「法律に違反するとは認識していなかった」「法律に違反する意図はなかった」「会社の利益のためにやった」などの弁明が聞かれることが多くあります。

　しかし、社会的にこのような弁明は通用しません。このため、次に掲げることを理由として、自らが行った法律違反行為の責任を免れることはできない旨明記します。

　　・法律について正しい知識がなかったこと

　　・法律に違反しようとする意思がなかったこと

　　・会社の利益を図る目的で行ったこと

（6）行動のセルフチェック

　執行役員に対し、自らの考えや行動が法律と社会的良識に沿ったものであるかどうかを、自ら常にチェックすることを求めます。

（7）法務担当者への相談

　業務を行っていると、自らの行動や意思決定が法律に沿うものであるかどうか、判断に迷うことがあります。そのような場合に独断で行動することは危険です。悪意はなくても、結果的に法律違反を犯す可能性があります。

　このため、執行役員に対し、自らの行動や意思決定が法律違反であるかどうか、判断に迷うときは、あらかじめ法務担当者に相談することを義務付けます。

　この場合、法務担当者は、執行役員から相談を受けた事案が法律に違反するかどうか、判断に迷うときは、顧問弁護士に相談するものとします。

（8）実行の猶予・中止

　執行役員は、法務担当者から回答があるまでは、相談した事案を実行に移してはならないものとします。また、相談した事案について、法務担当者から「法律に違反する」または「法律に違反する恐れがある」と回答されたときは、その事案を実行してはならないものとします。

（9）懲戒処分

　会社は、法律違反行為をした執行役員を訓戒、減給、出勤停止、

解任等の懲戒処分に付します。処分の内容は、その情状に応じて決定します。

3　モデル規程

執行役員コンプライアンス規程

（総　則）

第1条　この規程は、執行役員のコンプライアンス（法律遵守）を定める。

（経営方針）

第2条　会社は、コンプライアンスを経営の基本方針とする。

（執行役員の義務）

第3条　執行役員は、会社の基本方針を踏まえ、法律を誠実に遵守して業務を遂行しなければならない。

（禁止事項）

第4条　執行役員は、次に掲げることをしてはならない。

　(1)　自ら法律に違反する行為をすること

　(2)　部下に対し、法律に違反する行為を指示すること

　(3)　部下に対し、法律に違反する行為を教唆すること

　(4)　部下の法律違反行為を黙認すること

（拒　否）

第5条　執行役員は、同業者から法律違反行為を持ちかけられたときは、これを拒否しなければならない。

（免責の制限）

第6条　執行役員は、次に掲げることを理由として、自らが行った法律違反行為の責任を免れることはできない。

　(1)　法律について正しい知識がなかったこと

　⑵　法律に違反しようとする意思がなかったこと

　⑶　会社の利益を図る目的で行ったこと

（行動のセルフチェック）

第7条　執行役員は、自らの考えや行動が法律と社会的良識に沿ったものであるかどうかを、自ら常にチェックしなければならない。

（法務担当者への相談）

第8条　執行役員は、自らの行動や意思決定が法律違反であるかどうか、判断に迷うときは、あらかじめ法務担当者に相談しなければならない。

2　法務担当者は、執行役員から相談を受けた事案が法律に違反するかどうか、判断に迷うときは、顧問弁護士に相談しなければならない。

（実行の猶予・中止）

第9条　執行役員は、法務担当者から回答があるまでは、相談した事案を実行に移してはならない。

2　執行役員は、相談した事案について、法務担当者から「法律に違反する」または「法律に違反する恐れがある」と回答されたときは、その事案を実行してはならない。

（懲戒処分）

第10条　会社は、法律違反行為をした執行役員を懲戒処分に付する。処分の内容は、その情状に応じて決定する。

（付　則）この規程は、　年　月　日から施行する。

執行役員業務監査規程

1　規程の趣旨

　執行役員は、法律、会社の規則・規程および社長の指示命令を誠実に遵守してその業務を適正に実施していくことが求められています。

　しかし、実際には、法律や規則・規程に違反する行為が行われることがあります。故意に違反行為が行われることもあれば、法律や規則・規程についての知識が欠如しているために、結果的に違反が生じることもあります。

　このため、会社としては、執行役員がその業務を法律や規則・規程や社長の指示命令を遵守して適正に処理、遂行しているかどうかを、定期的に、あるいは必要に応じて随時、厳正に監査することが必要です。

　執行役員の「良識」を信じ、業務監査は行わないというのは、リスクマネジメントという観点からすると、問題といわざるを得ません。なぜならば、執行役員による不祥事が発生すると、会社は大きなダメージを受けるからです。

　業務監査は、経営危機を防止するための自己防衛策であり、リスクマネジメントの基本です。

2　規程の内容

（1）業務監査の目的

　はじめに、業務監査は、執行役員が次に掲げるものを遵守して業

務を執行しているかどうかを確認する目的で実施する旨明記します。

- ・法律
- ・会社の規則・規程
- ・社長の指示命令

（2）担当部門

業務監査を行う部門を定めます。

（3）監査の委嘱

監査の対象業務の中には、専門的知識を必要とするなどの理由で、社員では対応できないことがあります。しかし、「社員の能力、知識では監査できない」といって、監査の対象から除外するのは問題です。このような場合には、外部の専門家を活用するなどの措置を講ずるのがよいでしょう。

そこで、監査部門は、必要であると判断したときは、その監査業務の一部を外部の者に委嘱することができる旨定めます。

なお、監査部門は、業務監査を外部の者に委嘱するときは、あらかじめ次の事項を社長に申し出て、その許可を得ることにします。

- ・委嘱先
- ・委嘱する監査事項
- ・社外の者に委嘱する理由
- ・委嘱に要する費用

（4）監査の対象業務

業務監査の対象は、執行役員の全ての業務とします。

（5）監査の種類

業務監査は、次の3種類とするのが適切です。

- ・定期的に実施する「定期監査」
- ・監査部門が必要と認めたときに臨時的に実施する「臨時監査」
- ・社長の特命により実施する「特命監査」

（6）執行役員への予告

　監査部門は、業務監査を実施するときは、執行役員に対してあらかじめ次の事項を通知するものとします。

- ・監査事項
- ・監査実施日
- ・監査担当者の氏名
- ・その他必要事項

　ただし、監査目的を達成するために必要と認めたときは、その一部または全部の通知を省略するものとします。

（7）監査担当者の心得

　監査担当者の心得を定めます。心得としては、次のような事項があります。

- ・事前に関係資料に目を通し、監査事項についての問題点および監査手順等を検討しておくこと
- ・公正に監査すること
- ・予見を持って臨まないこと
- ・執行役員の日常業務を阻害しないようにすること
- ・監査結果の判断および意見の表明に当たっては、執行役員本人の意見を参考にすること
- ・業務上知り得た会社の秘密を他に洩らさないこと

（8）執行役員の義務

　社内の業務監査は、相手の協力がなければうまく運びません。このため、執行役員に対し、監査部門の業務監査に積極的に協力することを義務付けます。

（9）関係資料の提出

　監査部門は、業務監査に当たって必要と認めたときは、執行役員に対して関係資料の提出を求めることができるものとします。また、執行役員は、監査部門から関係資料の提出を求められたときは、こ

れを拒否してはならないものとします。

(10) 監査報告書の提出

監査部門は、業務監査を実施したときは、遅滞なく監査報告書を作成し、社長に提出するものとします。監査報告書には、次の事項を記載します。

・執行役員の氏名

・監査実施日

・監査事項

・監査結果

・監査担当者の氏名

(11) 改善の勧告

監査部門は、業務監査の結果、業務の改善を必要とする事項があったときは、執行役員に改善を勧告します。

(12) 改善の報告

執行役員に対し、監査部門から業務の改善事項を勧告されたときは、速やかに適切な措置を講じ、その結果を監査室長に報告することを求めます。

3 モデル規程

執行役員業務監査規程

（総 則）

第1条 この規程は、執行役員に対する業務監査について定める。

（業務監査の目的）

第2条 業務監査は、執行役員が次に掲げるものを遵守して業務を執行しているかどうかを確認する目的で実施する。

⑴ 法律

　⑵　会社の規則・規程

　⑶　社長の指示命令

（担当部門）

第3条　業務監査は監査室が担当し、その責任者は監査室長とする。

（委　嘱）

第4条　監査室長は、必要であると判断したときは、その監査業務の一部を外部の者に委嘱することができる。

2　委嘱先は、次の条件を満たす機関あるいは個人でなければならない。

　⑴　監査対象事項について専門的知識を有すること

　⑵　情報の取り扱いについて信頼できること

　⑶　監査費用が適正であること

3　監査室長は、業務監査を外部の者に委嘱するときは、あらかじめ次の事項を社長に申し出て、その許可を得なければならない。

　⑴　委嘱先

　⑵　委嘱する監査事項

　⑶　社外の者に委嘱する理由

　⑷　委嘱に要する費用

（監査の対象）

第5条　業務監査の対象は、執行役員の全ての業務とする。

（監査の種類）

第6条　業務監査は、次の3種類とする。

　⑴　定期監査　定期的に実施する監査

　⑵　臨時監査　監査室長が必要と認めたときに臨時的に実施する監査

　⑶　特命監査　社長の特命により実施する監査

（執行役員への予告）

第7条　監査室長は、業務監査を実施するときは、執行役員に対し

てあらかじめ次の事項を通知するものとする。

(1)　監査事項

(2)　監査実施日

(3)　監査担当者の氏名

(4)　その他必要事項

2　前項の規定にかかわらず、監査目的を達成するために必要と認められるときは、その一部または全部の通知を省略することができる。

（監査担当者の心得）

第8条　監査担当者は、監査に当たり、次の事項に留意しなければならない。

(1)　事前に関係資料に目を通し、監査事項についての問題点および監査手順等を検討しておくこと

(2)　公正に監査すること

(3)　予見を持って臨まないこと

(4)　執行役員の日常業務を阻害しないようにすること

(5)　監査結果の判断および意見の表明に当たっては、執行役員本人の意見を参考にすること

(6)　業務上知り得た会社の秘密を他に洩らさないこと

（執行役員の義務）

第9条　執行役員は、監査室の業務監査に積極的に協力しなければならない。

（関係資料の提出）

第10条　監査室長は、業務監査に当たって必要と認めたときは、執行役員に対して関係資料の提出を求めることができる。

2　執行役員は、監査室長から関係資料の提出を求められたときは、これを拒否してはならない。

3　監査室長は、執行役員から提出された資料の取り扱いに十分注

意しなければならない。

（監査報告書の提出）

第11条　監査室長は、業務監査を実施したときは、遅滞なく監査報告書を作成し、社長に提出しなければならない。

2　監査報告書には、次の事項を記載するものとする。

(1)　執行役員の氏名

(2)　監査実施日

(3)　監査事項

(4)　監査結果

(5)　監査担当者の氏名

（改善の勧告）

第12条　監査室長は、業務監査の結果、業務の改善を必要とする事項があったときは、執行役員に改善を勧告する。

（改善の報告）

第13条　執行役員は、前条に定めるところにより監査室長から業務の改善事項を勧告されたときは、速やかに適切な措置を講じ、その結果を監査室長に報告しなければならない。

　（付　　則）この規程は、　年　月　日から施行する。

様式(1)　業務監査通知書

年　月　日

執行役員＿＿＿＿殿

監査室長＿＿＿＿印

業務監査通知書

　次のとおり業務監査を行います。

記

(1)　監査事項	
(2)　監査実施日	
(3)　監査担当者	
(4)　その他必要事項	

様式(2)　業務監査の外部委嘱許可願い

年　月　日

取締役社長　殿

監査室長＿＿＿＿印

業務監査の外部委嘱について（許可願い）

　次のとおり業務監査を外部に委嘱したいので決裁願います。

記

(1)　委嘱先	
(2)　委嘱する監査事項	
(3)　委嘱する理由	
(4)　委嘱費用	

以上

様式(3)　業務改善勧告書

<table>
<tr><td colspan="2">年　　月　　日</td></tr>
<tr><td>執行役員＿＿＿＿殿</td><td></td></tr>
<tr><td colspan="2">監査室長＿＿＿＿印</td></tr>
<tr><td colspan="2">業務改善勧告書</td></tr>
<tr><td colspan="2">業務監査の結果、次のとおり業務の改善を勧告します。</td></tr>
<tr><td colspan="2">記</td></tr>
<tr><td>(1)　改善の対象業務</td><td></td></tr>
<tr><td>(2)　改善を勧告する理由</td><td></td></tr>
</table>

様式(4)　業務改善報告書

<table>
<tr><td colspan="2">年　　月　　日</td></tr>
<tr><td>監査室長＿＿＿＿殿</td><td></td></tr>
<tr><td colspan="2">執行役員＿＿＿＿印</td></tr>
<tr><td colspan="2">業務改善報告書</td></tr>
<tr><td colspan="2">次のとおり業務を改善しましたので報告します。</td></tr>
<tr><td colspan="2">記</td></tr>
<tr><td>(1)　改善の対象業務</td><td></td></tr>
<tr><td>(2)　改善した内容</td><td></td></tr>
</table>

第4節

執行役員競業避止規程

1　規程の趣旨

　執行役員は、担当している業務に精通しているうえ、業務遂行能力に優れています。だからこそ、執行役員に選任されたわけです。

　そのような執行役員が、退職後に、会社と競合する他社に再就職したり、あるいは競業する事業を自ら起業したりすると、会社は、営業上のノウハウを悪用されたり、あるいは、顧客を奪われたりして大きな影響を受けます。場合によっては、売上が大きく減少し、倒産の危機に陥ります。

　退職した執行役員による競業は、会社にとって重大なリスクです。このため、競業避止を明確にした規程を作成し、その趣旨と内容を執行役員に周知しておくのがよいでしょう。

　なお、不正競争防止法は、競業を「不正競争」の一つとして認めたうえで、次のように規定しています。

・不正競争によって営業上の利益を侵害され、又は侵害されるおそれがある者は、その営業上の利益を侵害する者又は侵害するおそれがある者に対し、その侵害の停止又は予防を請求することができる（第3条第1項）

・故意又は過失により不正競争を行って他人の営業上の利益を侵害した者は、それによって生じた損害を賠償する責めに任ずる（第4条）

2　規程の内容

（1）競業禁止の期間

　執行役員が競業避止義務を負う期間は、在職中および退職後一定の期間とします。会社の立場からすると、できる限り長期にわたって競業を禁止したいところでしょう。しかし、本人にも「職業選択の自由」があるから、退職後の競業避止義務の期間をあまり長くするのは問題です。

　競業避止義務を負う期間は、2、3年程度とするのが適切でしょう。

（2）懲戒と損害賠償請求

　執行役員が在職中に競業行為をし、それによって会社が経済的損害を受けたときは、その情状により、訓戒、減給、出勤停止、停職または解雇の懲戒処分に付します。それと同時に、損害の賠償を求めるものとします。

（3）退職金の返還と損害賠償請求

　執行役員が退職後に競業行為をし、それによって会社が経済的損害を受けたときは、退職金の返還および損害の賠償を求めます。

3　モデル規程

執行役員競業避止規程

（総　則）

第1条　この規程は、執行役員の競業避止について定める。

（競業避止義務）

第2条　執行役員は、在職中はもとより退職後も3年間は、会社の許可を得ることなく、会社と競業関係にある他社に再就職し、ま

たは競業する事業を自ら営んではならない。

（懲戒と損害賠償請求）

第3条 会社は、執行役員が在職中に第2条に違反する行為をし、それによって会社が経済的損害を受けたときは、その情状により、訓戒、減給、出勤停止、停職または解雇の懲戒処分に付し、かつ、損害の賠償を求める。

2 懲戒解雇のときは、退職金はいっさい支給しない。

（退職金の返還と損害賠償請求）

第4条 会社は、執行役員が退職後において第2条に違反する行為をし、それによって会社が経済的損害を受けたときは、退職金の返還および損害の賠償を求める。

（付　則）この規程は、　年　月　日から施行する。

様式　誓約書

年　月　日

取締役社長＿＿＿＿＿殿

（氏名）＿＿＿＿＿印

誓約書

　このたび執行役員を退任し、会社を退職するに当たり、次のとおり誓約いたします。

記

　今後3年間は、会社の許可を得ることなく、会社と競業関係にある他社に再就職し、または競業する事業を自ら営まないこと。

以上

執行役員懲戒規程

1　規程の趣旨

　執行役員が法律に違反する行為をしたり、会社の信用と名誉を傷つけたり、あるいは、会社に損害を与えたりしたときは、厳正に処分するべきです。このため、執行役員について、懲戒処分の取り扱いを具体的に定めておくことが望ましいといえます。

2　規程の内容

（1）懲戒の要件

　懲戒の要件を明確にします。例えば、次のいずれかに該当する行為のあったときとします。

- ・法律に違反する行為をしたとき
- ・執行役員就業規則または取締役会決議に違反する行為をしたとき
- ・執行役員としての地位、権限を利用して不当に個人的な利益を得たとき
- ・会社の営業機密を他に洩らしたとき
- ・会社の信用と名誉を傷つけたとき
- ・社内の風紀、規律を乱したとき
- ・会社の承認を得ることなく、自ら事業を営み、または他の職務を兼任したとき
- ・故意または重大な過失により、会社に損害を与えたとき
- ・その他前各号に準ずる程度の不都合な行為があったとき

（2）懲戒の種類

懲戒の種類は、次のとおりとします。

- ・譴　　責　　始末書をとり、将来を戒める
- ・報酬減額　報酬を減額する
- ・降　　職　　役付の執行役員については、下位の役職へ降職させるか、役位を離脱させる
- ・停　　職　　一定期間職務の執行を停止させる
- ・辞任勧告　辞任を勧告する
- ・解　　任　　執行役員を解任する。退職慰労金は支給しない

（3）懲戒処分の手続き

懲戒処分は、事実関係を十分調査したうえで、取締役会の決議によって行います。

（4）本人釈明

懲戒処分を行うに当たり、必要に応じ、本人に釈明の機会を与えます。

3　モデル規程

執行役員懲戒規程

（総　則）

第1条　この規程は、執行役員の懲戒処分の取り扱いを定める。

（懲戒の要件）

第2条　執行役員が次のいずれかに該当するときは、懲戒処分に付する。

⑴　法律に違反する行為をしたとき

⑵　執行役員就業規則または取締役会決議に違反する行為をしたとき

(3)　執行役員としての地位、権限を利用して不当に個人的な利益を得たとき

(4)　会社の営業機密を他に洩らしたとき

(5)　会社の信用と名誉を傷つけたとき

(6)　社内の風紀、規律を乱したとき

(7)　会社の承認を得ることなく、自ら事業を営み、または他の職務を兼任したとき

(8)　故意または重大な過失により、会社に損害を与えたとき

(9)　その他前各号に準ずる程度の不都合な行為のあったとき

（懲戒の種類）

第3条　懲戒の種類は、次のとおりとする。

(1)　譴　　　責　始末書をとり、将来を戒める

(2)　報酬減額　報酬を減額する

(3)　降　　　職　役付執行役員については、下位の役職へ降職させるか、役位を離脱させる

(4)　停　　　職　一定期間職務の執行を停止させる

(5)　辞任勧告　辞任を勧告する

(6)　解　　　任　執行役員を解任し、会社を退職させる。退職慰労金は支給しない

（懲戒処分の手続き）

第4条　懲戒処分は、事実関係を十分調査したうえで、取締役会の決議によって行う。

（本人釈明）

第5条　懲戒処分を行うに当たり、本人に釈明の機会を与えることがある。

（付　則）この規程は、　年　月　日から施行する。

第4章

任　免

執行役員指名委員会規程

1　規程の趣旨

　執行役員は、本社部門、主要工場、主要支店・営業所、研究所等の最高責任者として、部下を指揮命令し、その部門の業務を執行するという重要な任務を負っています。このため、リーダーシップ、マネジメント能力に優れ、経営センスのある者を選任することが必要です。

　リーダーシップに欠ける者や、経営センスに不足する者を選任すると、業績を挙げることができず、経営全体に大きな支障を与えることになります。

　執行役員は、きわめて重要な人事であるから、公正、透明に選任することが必要です。そのような観点からすると、役員から構成される指名委員会を設置し、その委員会で人選を行うことにするのが適切です。

2　規程の内容

（1）目的
　委員会は、執行役員の選任を公正、透明に行うために設置することを明確にします。
（2）任務
　委員会の任務は、執行役員の新任、再任および解任を審議し、取締役会に推薦することとします。

（3）委員の人数

委員の人数を定めます。

（4）任命

委員は、取締役の中から、社長が取締役会に諮って任命します。

（5）任期

委員の任期を定めます。

（6）委員長、副委員長

委員会の活動を組織的、効率的に行うため、委員長および副委員長を置きます。

（7）決議の方法

執行役員の人事は、会社にとってきわめて重要です。このため、委員会の決議は、委員の過半数が出席し、出席委員の過半数をもって行うことにします。

（8）執行役員新任の基準

執行役員の新任を公正に行うため、その基準を明確にしておくことが望ましいといえます。例えば、次の条件を満たす者を新任執行役員として推薦します。

- ・本社の部長または事業所の長であること
- ・リーダーシップ、マネジメント能力に優れていること
- ・経営センスがあること
- ・法律遵守意識が強いこと
- ・部下の信望が厚いこと
- ・心身ともに健康であること

（9）執行役員再任の基準

再任の基準を明確にしておきます。例えば、次の条件を満たす執行役員を再任します。

- ・執行役員として優れた業績を挙げたこと
- ・リーダーシップ、マネジメント能力に優れていること

・人格、識見が執行役員にふさわしいこと

・心身ともに健康であること

(10) 執行役員解任の基準

　解任の基準を明確にしておきます。例えば、次のいずれかに該当する執行役員は、その任を解くものとします。

・執行役員としての業績が優れなかったこと

・人格、識見が執行役員にふさわしくないこと

・法律に違反する行為をしたこと

・故意または重大な過失により、会社に損害を与えたこと

・会社の経営方針、経営理念に対する理解に欠けること

・心身の健康が優れないこと

(11) 取締役会での決定

　取締役会は、委員会の推薦を受けて、執行役員の新任、再任および解任を決定するものとします。

3　モデル規程

執行役員指名委員会規程

（総　則）

第1条　この規程は、執行役員指名委員会（以下、「委員会」という）について定める。

（目　的）

第2条　委員会は、執行役員の選任を公正、透明に行うために設置する。

（任　務）

第3条　委員会は、執行役員の新任、再任および解任を審議し、取締役会に推薦する。

（委員の人数）

第4条　委員の人数は、3名以上5名以下とする。

（任　命）

第5条　委員は、取締役の中から、社長が取締役会に諮って任命する。

（任　期）

第6条　委員の任期は、2年とする。ただし、再任を妨げない。

（委員長、副委員長）

第7条　委員会に委員長および副委員長を置く。

2　委員長は、委員会の業務を統括する。

3　副委員長は、委員長を補佐し、委員長に事故あるときは、その職務を代行する。

4　委員長および副委員長は、委員の互選により選任する。

（決議の方法）

第8条　委員会の決議は、委員の過半数が出席し、出席委員の過半数をもって行う。

（執行役員新任の基準）

第9条　委員会は、次の条件を満たす者を新任執行役員として推薦する。

　⑴　本社の部長または事業所の長であること

　⑵　リーダーシップ、マネジメント能力に優れていること

　⑶　経営センスがあること

　⑷　法律遵守意識が強いこと

　⑸　部下の信望が厚いこと

　⑹　心身ともに健康であること

2　委員会は、取締役の任にある者を執行役員として推薦することができる。

第4章　任　免

（執行役員再任の基準）

第10条　委員会は、次の条件を満たす執行役員を再任すべきとして
　推薦する。

　⑴　執行役員として優れた業績を挙げたこと

　⑵　リーダーシップ、マネジメント能力に優れていること

　⑶　人格、識見が執行役員にふさわしいこと

　⑷　心身ともに健康であること

（執行役員解任の基準）

第11条　委員会は、次のいずれかに該当する執行役員は、その任を
　解くべきものとして推薦する。

　⑴　執行役員としての業績が優れなかったこと

　⑵　人格、識見が執行役員にふさわしくないこと

　⑶　法律に違反する行為をしたこと

　⑷　故意または重大な過失により、会社に損害を与えたこと

　⑸　会社の経営方針、経営理念に対する理解に欠けること

　⑹　心身の健康が優れないこと

（取締役会での決定）

第12条　取締役会は、委員会の推薦を受けて、執行役員の新任、再
　任および解任を決定する。

（付　則）この規程は、　年　月　日から施行する。

様式　執行役員推薦書

年　月　日

取締役社長＿＿＿＿＿殿

執行役員指名委員会委員長＿＿＿＿＿印

第　期執行役員推薦書

第　期の執行役員について、次のとおり推薦する。

氏　名	現　職	略　歴	新任・再任の別	その理由	備考
			新任・再任		
			新任・再任		
			新任・再任		
			新任・再任		
			新任・再任		
			新任・再任		
			新任・再任		
			新任・再任		
			新任・再任		

取締役・執行役員兼務規程

1　規程の趣旨

　取締役と執行役員との兼務については、「取締役は、経営全体の管理監督（会社の意思決定と業務執行の監督）に徹するべきで、執行役員を兼務するべきではない。取締役が執行役員を兼務すると、会社全体の利益よりも自分の担当部門の利益の方を優先させることになり、経営の健全性・公正性・透明性が損なわれる可能性がある」という意見がある一方で、「人材は、少しでも有効に活用することが必要である。取締役のうち、業務執行能力に優れている者は、積極的に執行役員を兼務すべきである。兼務することにより、会社の競争力が強化される」という現実的な意見があります。

　どちらの意見が正しく、どちらの意見は正しくないとは、一概に結論できません。

　実際、現状を見ても、「経営の健全性・公正性・透明性の確保」という観点から、取締役と執行役員とが完全に分離している会社もあれば、「人材の有効活用」を目的として、取締役の全員が執行役員を兼務している会社もあります。

　取締役について執行役員との兼務を認めている会社は、兼務取締役の取り扱いを明確にしておくべきです。

　なお、取締役に対して、執行役員の職務を委任するときは、あらかじめ取締役会の決議を得るべきです。

（参考）取締役に対する執行役員の職務委任に関する取締役会議事録

第〇号議案　取締役に対する執行役員の職務委任に関する件
　議長は、下記のとおり、取締役に対して執行役員の職務を委任すること
を諮ったところ、全員異議なくこれを承認した。
　⑴　取締役〇〇〇〇に対し、執行役員〇〇本部長の職務を委任する
　　（委任期間＝　　年　　月　　日〜　　年　　月　　日）
　⑵　取締役〇〇〇〇に対し、執行役員〇〇工場長の職務を委任する
　　（委任期間＝　　年　　月　　日〜　　年　　月　　日）
　⑶　取締役〇〇〇〇に対し、執行役員〇〇支店長の職務を委任する
　　（委任期間＝　　年　　月　　日〜平成　　年　　月　　日）

2　規程の内容

（1）執行役員の職務の委任

　はじめに、会社は、経営上の必要に応じ、取締役に対し、取締役
に在任のまま執行役員の職務の執行を委任することがある旨明記し
ます。

（2）委任の手続き

　職務の委任は、公正・透明な手続きを経て行われることが必要で
す。このため、取締役に対して執行役員の職務執行を委任するとき
は、取締役会において次の事項を決議することにします。

　・執行役員の職務執行を委任する取締役の氏名

　・委任する職務の範囲

　・委任期間

（3）委任期間

　取締役に対して執行役員の職務執行を委任する期間は、その都度、
経営上の必要性を勘案して定めることにします。ただし、その期間
は、その取締役の任期内とします。

（4）委任する職務の変更等

経営環境は、常に変化しています。会社は、環境変化に柔軟、か
つ、的確に対応する必要があります。このため、経営上必要である
と認めたときは、職務執行を委任した取締役に対し、次の事項を申
し出ることがある旨定めておくのがよいでしょう。

　・委任した職務の範囲の変更

　・委任した職務の範囲の拡大または縮小

（5）責務

執行役員の職務を兼務する取締役（兼務役員）に対し、担当部門
の社員をよく統括・管理・監督し、担当部門の業務を執行すること
を義務付けます。

（6）法令等の遵守

兼務役員に対し、次のものを誠実に遵守して職務を遂行すること
を求めます。

　・法令の定め

　・社長の指示

　・取締役会の決議

（7）業務報告

兼務役員に対し、執行役員としての業務の遂行状況を適宜適切に、
社長および取締役会に報告することを求めます。

（8）対外的呼称

兼務役員の対外的呼称は、「取締役執行役員○○部門担当」とす
るのが適切です。

（9）報酬

兼務役員に対しては、取締役報酬のほかに執行役員報酬を支払い
ます。執行役員報酬の金額は、取締役会において決定します。

（10）賞与

兼務役員に対しては、取締役賞与のほかに執行役員賞与を支払い

ます。執行役員賞与の金額は、取締役会において決定します。

　なお、当然のことではありますが、担当部門の業績が不振であるときは、執行役員賞与は支払わないことにします。

(11) 退職慰労金

　兼務役員が退任するときは、取締役退職慰労金のほかに執行役員退職慰労金を支払います。執行役員退職慰労金の金額は、取締役会において決定します。

(12) 出張旅費の取り扱い

　兼務役員が出張するときは、「取締役出張旅費規程」の定めるところにより、出張旅費を支給します。

(13) 兼務の解任

　兼務役員が次のいずれかに該当するときは、委任契約を解除する旨定めます。

- ・健康を害し、執行役員としての職務を遂行することが困難となったとき
- ・執行役員として不適切な行動のあったとき
- ・本人が委任契約の解除を申し出たとき

3　モデル規程

執行役員兼務規程

（総　則）

第1条　この規程は、取締役に対して執行役員の職務を委任する場合の取り扱いを定める。

（執行役員の委任）

第2条　会社は、経営上の必要に応じ、取締役に対し、取締役に在任のまま、執行役員の職務を執行することを委任する。

（委任の手続き）

第3条　取締役に対して執行役員の職務執行を委任するときは、取締役会において次の事項を決議する。

(1)　執行役員の職務執行を委任する取締役の氏名

(2)　委任する職務の範囲

(3)　委任期間

（委任期間）

第4条　取締役に対して執行役員の職務執行を委任する期間は、その都度定める。ただし、その期間は、その取締役の任期内とする。

（委任する職務の変更等）

第5条　会社は、経営上必要であると認めたときは、職務執行を委任した取締役に対し、次の事項を申し出ることがある。

(1)　委任した職務範囲の変更

(2)　委任した職務範囲の拡大または縮小

2　前項の申出は、取締役会の決議によって行う。

（責　務）

第6条　執行役員の職務を兼務する取締役（以下、単に「兼務役員」という）は、担当部門の社員をよく統括・管理・監督し、担当部門の業務を執行しなければならない。

（法令等の遵守）

第7条　兼務役員は、次のものを誠実に遵守して職務を遂行しなければならない。

(1)　法令の定め

(2)　社長の指示

(3)　取締役会の決議

（業務報告）

第8条　兼務役員は、執行役員としての業務の遂行状況を適宜適切に、社長および取締役会に報告しなければならない。

（対外的呼称）

第9条　兼務役員の対外的呼称は、次のとおりとする。

　　　　（対外的呼称）取締役執行役員○○部担当

（報　酬）

第10条　兼務役員に対しては、取締役報酬のほかに執行役員報酬を支払う。

2　執行役員報酬の金額は、取締役会において決定する。

（賞　与）

第11条　兼務役員に対しては、取締役賞与のほかに執行役員賞与を支払う。

2　執行役員賞与の金額は、取締役会において決定する。

3　担当部門の業績が不振であるときは、執行役員賞与は支払わない。

（退職慰労金）

第12条　兼務役員が退任するときは、取締役退職慰労金のほかに執行役員退職慰労金を支払う。

2　執行役員退職慰労金の金額は、取締役会において決定する。

（出張旅費の取り扱い）

第13条　兼務役員が出張するときは、「取締役出張旅費規程」の定めるところにより、出張旅費を支給する。

（兼務の解任）

第14条　兼務役員が次のいずれかに該当するときは、委任契約を解除する。

　⑴　健康を害し、執行役員としての職務を遂行することが困難となったとき

　⑵　執行役員として不適切な行動のあったとき

　⑶　本人が委任契約の解除を申し出たとき

（付　則）この規程は、　年　月　日から施行する。

様式(1)　兼務委任状

```
                                              年　月　日

　取締役_____殿

                                    取締役社長_____印
                      執行役員委任状
　執行役員（○○部門担当）を委任する。
　（委任期間）　年　月　日～　年　月　日

                                                  以上
```

様式(2)　兼務承諾書

```
                                              年　月　日

　取締役社長_____殿

                                      取締役_____印
                      兼務承諾書
　執行役員（○○部門担当）の職務を兼務することを承諾する。
　（兼務期間）　年　月　日～　年　月　日

                                                  以上
```

執行役員定年規程

1　規程の趣旨

　執行役員は、経営の第一線の責任者です。部門の業務執行の最高責任者です。したがって、執行役員が高齢化すると、業務の企画・執行、部下への指揮命令、部下の業務の監督などの面で支障が生じる可能性があります。

　会社としては、執行役員の年齢構成がいたずらに高齢化することに対し、一定の歯止めをかけることが必要です。なんの歯止めもかけることなく、高齢化が進むままに放置しておくと、知らず知らずのうちに会社の活力が低下します。活力の低下は、そのまま競争力の低下に直結し、業績に好ましくない影響を与えます。

　年齢構成の若さを保つための現実的な工夫は、定年制の実施です。あらかじめ一定の年齢を定めておき、その年齢に達したら執行役員を退任させるか、あるいは、執行役員に選任しないものとします。

2　規程の内容

（1）定年の決め方

　定年の決め方には、

　　・すべての執行役員について一律に決める

　　・役位ごとに決める

の2つがあります。

（2）任期中の取り扱い

　任期中に定年に達したときは、任期満了日まで執行役員としての

業務を継続するものとします。

（3）退職役員の責務

　定年退職する執行役員について、

　　・後任者との間において業務の引継ぎを完全に行うこと

　　・会社に債務があるときは、完全に返済すること

を定めます。

3　モデル規程

執行役員定年規程

（総　則）

第1条　この規程は、執行役員の定年制について定める。

（定　年）

第2条　執行役員の定年は次のとおりとする。

　　　　　専務執行役員　70歳

　　　　　常務執行役員　68歳

　　　　　執行役員　　　65歳

（任期中の取り扱い）

第3条　任期中に定年に達したときは、任期満了日まで執行役員として業務を継続するものとする。

（退職役員の責務）

第4条　定年退職する執行役員は、後任者との間において業務の引継ぎを完全に行わなければならない。また、会社に債務があるときは、完全に返済しなければならない。

（付　則）この規程は、　年　月　日から施行する。

顧問規程

1　規程の趣旨

　執行役員の在任期間は、人によって異なります。短期で退任する者もいれば、長期にわたって執行役員を務める者もいます。

　一般に、長く執行役員を務めた者は、業務のポイントを心得ています。どのようにすれば効率的に業務を遂行できるかをよく知っています。非常事態が生じた場合に、それにどのように対応すればよいかも理解しています。また、長年の会社生活で、幅広い人脈を持っています。このため、経営にとって貴重な存在です。

　会社は、人材を少しでも有効に活用することが望ましいといえます。長年にわたって執行役員を務めた者が定年等の理由で退任する場合に、その人物との関係をいっさい絶ってしまうというのは、人材の有効活用という点からみて問題です。それよりは、顧問として活用するほうがよいでしょう。

　退任する執行役員を顧問として活用するときは、その取り扱い基準を規程として明文化しておくことが望ましいといえます。取り扱い基準を明確に定めることなく、社長または会長の恣意的な判断に委ねるというのは望ましくありません。

2　規程の内容

（1）顧問の任用

　はじめに、退任する執行役員のうち、経営上特に必要と認める者を顧問として任用する旨を定めます。

（2）任務

　顧問の任務は、「高度の専門知識と豊かな経験を踏まえ、会社に適切な助言を与えること」とするのが適切でしょう。

（3）委嘱の基準

　顧問の委嘱基準を定めます。例えば、次のとおりとします。

　・執行役員経験6年以上

　・在任中優れた功績を挙げたこと

　・退任理由が円満であること

　・心身ともに健康であること

（4）委嘱の決定手続き

　顧問の委嘱は、社長が取締役会に諮って決定します。

（5）任期

　顧問の任期を定めます。1年程度とするのが妥当でしょう。ただし、再任を妨げないものとします。

（6）勤務

　勤務については、常勤、非常勤の2つが考えられますが、その任務から判断すると、非常勤とするのが妥当でしょう。

（7）報酬

　顧問の報酬は、社長が取締役会に諮って決定します。

（8）顧問契約の解消

　顧問が次のいずれかに該当するときは、顧問契約を解消するものとします。

　・任期が満了したとき

　・本人が辞任を申し出たとき

　・死亡したとき

　・競業会社に就職するなど、会社に不都合な行為をしたとき

3　モデル規程

顧問規程

（総　則）

第1条　この規程は、顧問制度の取り扱いについて定める。

（顧問の任用）

第2条　会社は、退任する執行役員のうち、経営上特に必要と認める者を顧問として任用する。

（任　務）

第3条　顧問の任務は、高度の専門知識と豊かな経験を踏まえ、会社に適切な助言を与えることとする。

（委嘱の基準）

第4条　顧問の委嘱の基準は、おおむね次のとおりとする。

⑴　執行役員経験6年以上

⑵　在任中優れた功績を挙げたこと

⑶　退任理由が円満であること

⑷　心身ともに健康であること

（委嘱の決定）

第5条　顧問の委嘱は、社長が取締役会に諮って決定する。

（任　期）

第6条　顧問の任期は1年とする。ただし、再任を妨げない。

（勤　務）

第7条　顧問は非常勤とする。

（報　酬）

第8条　顧問の報酬は、社長が取締役会に諮って決定する。

（顧問契約の解消）

第9条　顧問が次のいずれかに該当したときは、顧問契約を解消す

る。
(1)　任期が満了したとき
(2)　本人が辞任を申し出たとき
(3)　死亡したとき
(4)　競業会社に就職するなど、会社に不都合な行為をしたとき
（規程外の取り扱い）
第10条　顧問の処遇についてこの規程に定めのない問題が生じたと
　　　きは、社長が決定する。
（付　則）この規程は、　年　月　日から施行する。

様式(1)　顧問委嘱状

```
                                              年　月　日

_____殿

                              取締役社長_____印
                         顧問委嘱状
顧問を委嘱する。
　（委嘱期間）　年　月　日〜　年　月　日（1年）
                                              以上
```


様式(2)　就任承諾書

```
                                              年　月　日

　取締役社長_____殿

                                      _____印
                         就任承諾書
顧問に就任することを承諾する。
　（期間）　年　月　日〜　年　月　日（1年）
                                              以上
```

第 5 章

報酬・賞与・
退職慰労金

執行役員報酬・賞与規程

1 規程の趣旨

　執行役員は、取締役会において選任され、部、支店、工場、研究所などの重要な部門の業務を執行するわけですから、それ相応の高い報酬を支給するとともに、業務において優れた成績を収めたときには、それ相応の賞与を支給すべきです。

　相応の報酬と賞与の支給は、執行役員の勤労意欲の向上、活性化の重要な条件です。高い業務目標と重い職務責任のみ与え、報酬や賞与は抑制するというのは、正しい人事管理とはいえません。

　報酬と賞与は、重要な労働条件です。執行役員は、誰もが報酬と賞与に大きな関心を持っています。

　執行役員制度を実施するときは、その報酬および賞与の取り扱い基準を規程として取りまとめておくことが望ましいでしょう。

2 規程の内容

（1）報酬の構成と形態

　執行役員の報酬の構成には、

　・基本給と諸手当とから構成する

　・「執行役員報酬」一本で構成する

の2つがあります。

　取締役の場合、一般に「取締役報酬」一本です。家族手当、住宅手当、役付手当などの諸手当は支給されません。また、報酬の構成は、本来的に簡潔明瞭であるべきです。

　このような観点からすると、執行役員の報酬は、「執行役員報酬」一本で構成することにするのがよいでしょう。

　また、報酬の決め方には、

・月額をもって定める

・半年単位で定める

・１年単位で定める

などがあります。

　取締役の報酬を月額で決めている場合には、執行役員の報酬も月額で決めるのがよいでしょう。また、取締役の報酬を年額で決めている場合には、執行役員の報酬も年額で決めるのがよいでしょう。

（２）報酬の決定基準

　報酬は、次の事項を勘案して決定するのが合理的です。

・職務の内容（遂行の困難さ、責任の重さ）

・社員給与の最高額

・取締役の報酬

　一般的にいえば、執行役員の報酬は、社員給与の最高額と取締役報酬との間で決定するのが適切です。例えば、部長の給与が月額70万、取締役報酬が月額100万のときは、執行役員の報酬は70〜100万の範囲で決定します。

　当然のことですが、執行役員について、専務執行役員、常務執行役員、執行役員というように階層を設けているときは、階層ごとに一定の格差を設けます。格差をどの程度にするかは、もとより各社の自由ですが、次の程度に設定するのが適切でしょう。

　　　　常務執行役員　　　執行役員報酬の５〜15％程度増

　　　　専務執行役員　　　常務執行役員報酬の５〜15％程度増

（３）支払日

　報酬の支払日を明記します。

（4）支払方法

報酬は、執行役員が届け出た本人の預金口座に振り込み支払うことにします。

（5）控除

支払いに当たり、次のものを控除します。

・所得税、住民税

・社会保険料

・その他必要なもの

（6）通勤手当

公共交通機関を利用して通勤する執行役員に対しては、通勤交通費の全額を支給します。

（7）休職時の取り扱い

執行役員が疾病その他やむを得ない事由によって休職する場合に、報酬をどのように取り扱うかを定めます。

（8）ベースアップと報酬改定

社員給与のベースアップに伴い、社員給与と執行役員報酬とのバランスが不適切になったと判断されるときは、報酬の増額改定を行う旨定めます。

（9）減額措置

会社の業績は順調に推移するのが理想です。しかし、実際には、売上が伸びず、業績が低迷することもあります。このような場合には、必要に応じ、臨時に報酬の減額措置を講ずることがある旨定める。

（10）賞与

会社の決算時に、営業成績により賞与を支給する旨定めます。なお、執行役員に対する賞与の支給については、株主総会の決議は必要ありません。

(11) 支給額

賞与の支給額は、次の事項を勘案して決定するのが合理的です。

・会社全体の営業成績

・担当部門の営業成績

(12) 支給日

賞与の支給日は、その都度決定することにします。

3　モデル規程

執行役員報酬・賞与規程

（総　則）

第1条　この規程は、執行役員の報酬および賞与について定める。

（報　酬）

第2条　報酬は「執行役員報酬」一本とし、月額をもって定める。

2　取締役が執行役員を兼任する場合、取締役分の報酬は別に支払う。

（決定基準）

第3条　報酬は、次の事項を勘案して決定する。

(1)　職務の内容（遂行の困難さ、責任の重さ）

(2)　社員給与の最高額

(3)　取締役の報酬

（支払日）

第4条　報酬は、毎月25日に支払う。当日が休日のときは、その前日に支払う。

（支払方法）

第5条　報酬は、執行役員が届け出た本人の預金口座に振り込み支払う。

（控　除）

第6条　支払いに当たり、次のものを控除する。

　⑴　所得税、住民税

　⑵　社会保険料

　⑶　その他必要なもの

（通勤手当）

第7条　公共交通機関を利用して通勤する執行役員に対しては、通勤交通費の全額を支給する。

（休職時の取り扱い）

第8条　執行役員が疾病その他やむを得ない事由によって休職するときは、報酬の半額を支払う。ただし、6ヶ月を限度とする。

（ベースアップと報酬改定）

第9条　社員給与のベースアップに伴い、社員給与と執行役員報酬とのバランスが不適切になったと判断されるときは、報酬の増額改定を行うことがある。

（減額措置）

第10条　会社業績の状況その他必要に応じ、取締役会の決定に基づき、臨時に報酬の減額措置を講ずることがある。

（賞　与）

第11条　会社の決算時に、営業成績により賞与を支給する。

（支給額）

第12条　賞与の支給額は、次の事項を勘案して決定する。

　⑴　会社全体の営業成績

　⑵　担当部門の営業成績

（支給日）

第13条　賞与の支給日は、その都度決定する。

2　取締役が執行役員を兼任する場合、取締役分の賞与は別に支払う。

（付　則）この規程は、　年　月　日から施行する。

様式(1)　執行役員報酬決定通知書

年　　月　　日

執行役員＿＿＿＿殿

取締役社長＿＿＿＿

報酬決定通知書

今期の報酬は下記のとおりと決定したのでお知らせします。

報酬（月額）：　　　　　　　円

支払日：毎月25日

(注)　1　支払に当たり、社会保険料および税金を控除します。

2　口座振込によります。

以上

様式(2)　執行役員賞与決定通知書

年　　月　　日

執行役員＿＿＿＿殿

取締役社長＿＿＿＿

賞与決定通知書

今期の賞与は下記のとおりと決定したのでお知らせします。

賞与支給額：　　　　　　　円

支払日：　月　　日（　）

(注)　1　支払に当たり、社会保険料および税金を控除します。

2　口座振込によります。

以上

執行役員年俸規程

1　規程の趣旨

　年俸制度は、賞与も含めた年間の給与をあらかじめ決めるというものです。「年○○○○万円」というように、1年間の給与を決定します。

　年俸制度は、賞与も含めた年間の給与を一括して決めることになるため、各人の業績を明確に反映させることが可能となります。業績に応じて、年俸をアップさせることも、ダウンさせることもできます。業績評価を給与にはっきりと反映させることのできる点が年俸制度の大きなメリットです。

　年俸制度には、

　・実力主義、能力主義の賃金管理ができる

　・個別的賃金管理ができる

　・比較的簡単に年収調整ができる

など、さまざまなメリットがあります。年俸制が適しているのは、

　・一人ひとりの仕事上の役割と責任が明確に定められていること

　・個人別の成果、成績を把握できること

という2つの条件を満たす職種です。

　執行役員は、これら2つの条件を満たしています。したがって、年俸制度が適しています。

2　規程の内容

（1）報酬の決め方

　はじめに、執行役員の報酬は、賞与も含め、1年を単位として決定する旨を明記します。

（2）計算期間

　年俸の計算期間を定めます。計算期間は、営業年度と合わせるのが合理的です。

（3）年俸の決定基準

　年俸の決定基準を定めます。一般的にいえば、次の事項を総合的に勘案して決定するのが適切です。

　　・担当する職務の内容（遂行の困難さ、責任の重大性）

　　・会社の期待度

　　・前年度の業務成績、業務目標の達成度

　なお、年度の途中で職務の内容を変更したときは、年俸を変更することがある旨定めます。ただし、この場合、原則として減額しないことにします。

（4）通勤手当

　公共交通機関を利用して通勤する者に対しては、定期券代の実費を支給します。ただし、非課税限度額をもって支給限度とします。

（5）支払

　年俸は12等分し、毎月25日に1等分ずつ支払うことにします。

（6）控除

　年俸の支払にあたり、社会保険料、所得税、住民税を控除します。

（7）支払方法

　年俸は、本人が申し出た本人の預金口座へ振り込み支払います。

（8）退職時の取り扱い

　年俸の計算期間の途中で退職したときは、残余の年俸は支払わな

い旨定めます。

（9）改定

年俸は、毎年改定する旨定めます。

（10）休職中の取り扱い

私傷病等によって休職するときの年俸の支払いについて定めます。

3　モデル規程

執行役員年俸規程

（総　則）

第1条　この規程は、執行役員の報酬について定める。

（報酬の決め方）

第2条　執行役員の報酬は、賞与も含め、1年を単位として決定する。

（計算期間）

第3条　年俸の計算期間は、次のとおりとする。

　　　　計算期間＝4月1日〜翌年3月31日

（年俸の決定基準）

第4条　年俸は、次の事項を総合的に勘案して決定する。

　⑴　担当する職務の内容（遂行の困難さ、責任の重大性）

　⑵　会社の期待度

　⑶　前年度の業務成績、業務目標の達成度

2　年度の途中で職務の内容を変更したときは、年俸を変更することがある。ただし、この場合、原則として減額することはない。

（通勤手当）

第5条　公共交通機関を利用して通勤する者に対しては、定期券代の実費を支給する。ただし、非課税限度額をもって支給限度とする。

（支　払）

第6条　年俸は12等分し、毎月25日に１等分ずつ支払う。

（控　除）

第7条　年俸の支払にあたり、次のものを控除する。

(1)　社会保険料

(2)　所得税、住民税

（支払方法）

第8条　年俸は、本人が申し出た本人の預金口座へ振り込み支払う。

（退職時の取り扱い）

第9条　年俸の計算期間の途中で退職したときは、残余の年俸は支払わない。

（改　定）

第10条　年俸は、毎年４月１日付で改定する。

（休職中の取り扱い）

第11条　私傷病等によって１ヶ月以上休職するときは、その期間中、年俸は支払わない。

（付　則）この規程は、　年　月　日から施行する。

様式　執行役員報酬決定通知書

　　　　　　　　　　　　　　　　　　　　　　　　年　月　日

執行役員＿＿＿＿殿

　　　　　　　　　　　　　　　取締役社長＿＿＿＿印

　　　　　　　　　　報酬決定通知書

今期の報酬は下記のとおりと決定したのでお知らせします。

　　　　　　　報酬（年額）：　　　　　　円

（注）１　報酬は12等分し、毎月25日に１等分ずつ支払います。

　　　２　支払に当たり、社会保険料および税金を控除します。

　　　３　預金口座振込によります。

　　　　　　　　　　　　　　　　　　　　以上

執行役員ストックオプション規程

1　規程の趣旨

　従業員に対し、あらかじめ決められた価格で会社の株式を購入できる権利を与える制度を「ストックオプション制度」といいます。株価が上昇すれば、市場価格と譲渡価格との差額が本人の利得となります。

　例えば、300円で5,000株の株を購入できる権利を与えられた従業員の場合、会社の業績が好調で株価が300円から500円に値上がりすれば、その従業員は、与えられた権利を行使することにより、200円×5,000＝1,000,000円の利得を得ることができます。

　株価は、会社の業績を表わす指標です。会社の業績を向上させるうえで、重要な任務を負っているのは、執行役員です。執行役員が業務に精励し、創意工夫を図ることにより、業績の向上が実現します。その結果、会社の価値が高まり、株価が上昇します。

　会社は、執行役員のインセンティブを高めるために工夫を講ずることが望ましいといえます。インセンティブ向上策には、さまざまなものが考えられますが、ストックオプションの実施もその有力な方法です。

　会社の業績を向上させることは執行役員の重要な責務ですから、株価上昇の成果を執行役員自身に還元するストックオプション制度は、執行役員にふさわしいインセンティブ付与策だといえます。

　この制度を実施するときは、その取り扱い基準を明確にしておくべきです。

2　規程の内容

（1）譲渡予定株式数

譲渡予定株式数の決め方には、

・全執行役員一律とする

・役位（専務執行役員、常務執行役員、執行役員）に応じて決める

の2つがあります。

（2）権利行使価格

権利行使価格は、ストックオプションの実施について承認を得る株主総会の直前の株価とするのが適切です。

（3）権利行使期間

権利行使期間を具体的に決めます。業績を向上させ、株価を上昇させるには、一定の期間が必要です。わずか数週間や数ヶ月でできることではありません。このため、権利行使期間は、ストックオプションの実施について株主総会で承認された日から2、3年程度以内とするのが適切でしょう。

（4）会社への届出

ストックオプションの権利を行使するときは、あらかじめ会社に、権利行使株式数や権利行使日などを届け出ることにします。

（5）権利行使上の注意点

権利の行使に当たって、インサイダー取引の疑惑が生じることがあります。疑惑が生じると、会社の信用は著しく失墜します。本来的に執行役員の勤労意欲向上のための制度であるのに、結果的に会社の信用を低下させることになるのでは、何のために制度を実施するのか分からなくなってしまいます。

このため、権利の行使に当たっては、インサイダー取引の疑惑を持たれることのないよう十分注意することを周知徹底します。

3　モデル規程

執行役員ストックオプション規程

第1章　総　　則

（総　則）

第1条　この規程は、執行役員ストックオプション制度の取り扱い
　　を定める。

（会社法の適用）

第2条　ストックオプション制度についてこの規程に定めのない事
　　項は、会社法の定めるところによる。

（株主総会の決議）

第3条　執行役員ストックオプション制度は、株主総会の決議を得
　　て実施する。

第2章　権利の付与

（対象者の範囲）

第4条　ストックオプション制度の対象者は、すべての執行役員と
　　する。ただし、ストックオプションの実施について株主総会で決
　　議された日に在籍し、かつ、株主総会で承認された者に限る。

（権利付与日）

第5条　ストックオプションの権利を付与する日は、ストックオプ
　　ションの実施について株主総会で決議された日とする。

（譲渡する株式）

第6条　会社が執行役員に譲渡する株式は、発行済みの株式のうち
　　普通株式とする。

（譲渡予定株式数）

第7条　譲渡予定の株式数は、役位に応じて次のとおりとする。

　　　　専務執行役員　　3,500株

　　　　常務執行役員　　3,000株

　　　　執行役員　　　　2,500株

第3章　権利の行使

（権利行使価格）

第8条　権利譲渡者がその権利を行使できる価格は、次のとおりとする。権利行使価格の算定において1円未満の端数があるときは、1円に切り上げる。

　　　　権利行使価格——ストックオプションの実施について株主
　　　　　　　　　　　　総会で決議された日の前1ヶ月の株価終
　　　　　　　　　　　　値平均値 ×1.05

（権利行使期間）

第9条　権利譲渡者がその権利を行使できる期間は、次のとおりとする。

　　　　権利行使期間——ストックオプションの実施について株主
　　　　　　　　　　　　総会で決議された日から3年間

（権利行使猶予期間）

第10条　前条の規定にかかわらず、次に掲げる期間は、その権利を行使することはできないものとする。

　　　　権利行使猶予期間——ストックオプションの実施について
　　　　　　　　　　　　　　株主総会で決議された日から翌年の
　　　　　　　　　　　　　　3月31日まで

（権利行使の自由）

第11条　権利譲渡者がその権利を行使するかどうかは本人の自由とする。

（分割行使）

第12条　権利譲渡者は、その権利を分割して行使することができる。ただし、分割の回数は、3回を超えることはできず、かつ、1回の行使株式数は、100株単位とする。

（届　出）

第13条　権利譲渡者がその権利を行使するときは、あらかじめ次の事項を会社に届け出なければならない。

(1)　氏名

(2)　権利行使株式数

(3)　権利行使日

（株式の交付）

第14条　権利譲渡者がその権利を行使したときは、会社は、保有している自社株を交付する。保有している株式がないときは、株式市場において株式を購入し、本人に交付する。

2　株式の購入手数料は会社が負担する。

3　権利行使価格と権利行使時点の株価との差額に課せられる所得税は、権利譲渡者の負担とする。

（代金の払込）

第15条　権利譲渡者は、会社から株式を交付されたときは、交付後4日以内に会社に代金を払い込まなければならない。

2　会社に対する払込資金は、本人の責任において調達しなければならない。

第4章　権利の消滅等

（権利の消滅）

第16条　権利譲渡者が次のいずれかに該当するときは、その権利は消滅する。

(1)　権利行使期間中にその権利を行使しなかったとき

(2)　執行役員を退任し、会社を退職したとき

2　前項第2号の規定にかかわらず、執行役員を退任し、取締役に就任した場合は、その権利は消滅しない。

（譲渡等の禁止）

第17条　権利譲渡者は、次に掲げることをしてはならない。

(1)　その権利を第三者に譲渡すること

(2)　その権利を第三者に贈与すること

(3)　その権利について質権等の担保権を設定すること

第5章　株式の売却

（株式の売却）

第18条　権利譲渡者は、会社から譲渡された株式をいつでも自由に売却することができる。

（売却時の心得）

第19条　株式の売却に当たっては、インサイダー取引の疑惑を受けることのないよう十分注意しなければならない。

2　会社は、インサイダー取引の疑惑が生じたときは、直ちに事実関係を調査する。

3　事実関係の調査の結果、インサイダー取引が行われたことが確認されたときは、インサイダー取引を行った者を懲戒処分に付する。

（所得の申告）

第20条　権利譲渡者は、次の場合には自らの責任において所得額を税務当局に正確に申告し、所定の税金を納付しなければならない。

(1)　株式を売却して利益を得たとき

(2)　配当所得を得たとき

（付　則）この規程は、　年　月　日から施行する。

様式(1)　ストックオプション付与通知書

	年　月　日
（執行役員）＿＿＿＿殿	
	取締役社長＿＿＿＿印
ストックオプション付与通知書	
次のとおりストックオプションの権利を付与します。	

(1)　付与日	年　月　日付
(2)　付与株式数	＿＿＿＿＿株
(3)　権利行使価格	1株当たり＿＿＿＿円
(4)　権利行使期間	年　月　日～　年　月　日

様式(2)　ストックオプション権利行使届

	年　月　日
取締役社長＿＿＿＿殿	
	（執行役員）＿＿＿＿印
ストックオプション権利行使届	
次のとおりストックオプションの権利を行使したいのでお届けします。	

(1)　権利行使株式数	
(2)　権利行使日	年　月　日

注(1)　1回の権利行使株式数は100株単位とする。
注(2)　会社から株式を交付された日以降4営業日以内に代金を払い込むこと。

執行役員退職慰労金規程

1　規程の趣旨

（1）退職金の取り扱い

　社員が退職するときは、在職中の功労に報いると同時に、その後の生活の安定に役立てるため、退職金を支給することが慣行になっています。

　取締役についても、退任するときに、在任中の功労に報いると同時に、その後の生活の安定に役立てるため、退職慰労金を支給することが慣行になっています。

　これと同じように、執行役員が任期満了、定年等によって退職するときは、退職慰労金を支給することにし、その取り扱い基準を定めます。

　執行役員の退職金の取り扱いについては、実務的に、

　①　社員の退職金制度を適用する

　②　執行役員独自の退職慰労金制度を作成する

　③　役員の退職慰労金制度を準用する

の3つがあります。

（2）望ましい方法

　これら3つのうち、どれを採用するかは、それぞれの会社の自由ですが、執行役員制度は、本来的、基本的に、部長、工場長、支店長、研究所長などの職位にある者に、大きな権限を与えて職務を執行させる一方で、役員に準じて処遇するという制度です。

　執行役員は、仕事の面で重要な任務と大きな責任を負っています。

会社の業績がどうなるかは、執行役員の力量によるところが大きいといえます。

　執行役員制度を適正に運用することにより、経営の効率化、意思決定の迅速化が図られます。

　このような執行役員制度の趣旨を考慮すると、退職慰労金については、

　　・執行役員独自の退職慰労金制度を作成する

　　・役員の退職慰労金制度を準用する

のいずれかを採用するのが合理的、現実的です。

　事務的に見れば、執行役員に対し、社員用の退職金制度を適用するのが簡単で、便利です。しかし、執行役員に対し、「退職金については、社員の退職金制度を適用し、特別に優遇はしない」と言ったのでは、執行役員は、あまり感動しないでしょう。また、執行役員に昇格したことをそれほど実感しないことでしょう。

　しかし、「執行役員独自の退職慰労金制度を適用して優遇する」、あるいは、「役員の退職慰労金制度を準用し、役員並に取り扱う」と言えば、それなりに感動し、やる気を高めることでしょう。

　退職慰労金制度の取り扱いを決めることなく、執行役員制度だけをスタートさせるケースがしばしば見られます。しかし、このようなやり方は感心しません。やはり、執行役員制度をスタートさせる時点で、退職金の取り扱いを決めておくべきです。

2　規程の内容

（1）算定方法

　執行役員の退職慰労金の算定方法には、さまざまな方式があります。主な方式は、次のとおりです。

　　①　Σ（役位別報酬×役位別倍率×役位別在任期間）

　これは、本人が歴任した役位（専務執行役員、常務執行役員、執

行役員）ごとに、「報酬」と「倍率」と「在任期間」の３つを乗じて役位別退職慰労金を計算し、それぞれの役位別退職金を合算することにより、総退職慰労金とするというものです。

計算例を示すと、次のとおりです。

いま、次のような経歴を経て退任する者がいるとします。

執行役員	４年
常務執行役員	２年
専務執行役員	２年

一方、役位別の報酬が次のように決められているとします。

執行役員	100万円
常務執行役員	120万円
専務執行役員	140万円

また、役位別倍率が次のように定められているとします。

執行役員	1.3
常務執行役員	1.5
専務執行役員	1.7

この場合、退職慰労金は、次のように計算されます。

執行役員分	$100 \times 1.3 \times 4$ 年＝520万円
常務執行役員分	$120 \times 1.5 \times 2$ 年＝360万円
専務執行役員分	$140 \times 1.7 \times 2$ 年＝476万円
合計	1,356万円

②　Σ（役位別報酬×役位別在任期間）

これは、役位ごとに「報酬」と「在任期間」を乗じて役位別退職慰労金を計算し、それぞれの役位別退職金を合算することにより、総退職慰労金とするというものです。

計算例を示すと、次のとおりです。

いま、次のような経歴を経て退任する執行役員がいるとします。

執行役員	６年

　　　常務執行役員　　　　　4年

　　　専務執行役員　　　　　4年

一方、役位別の定額が次のように決められているとします。

　　　執行役員　　　　　　　100万円

　　　常務執行役員　　　　　120万円

　　　専務執行役員　　　　　140万円

この場合、退職慰労金は、次のように計算されます。

　　　執行役員分　　　　　　100×6年＝600万円

　　　常務執行役員分　　　　120×4年＝480万円

　　　専務執行役員分　　　　140×4年＝560万円

　　　　合計　　　　　　　　　　1,640万円

　③　退任時報酬×Σ（役位別倍率×役位別在任期間）

これは、はじめに役位ごとに「倍率」と「在任期間」を乗じたものを積み上げ計算します。そして、その合計数値に「退任時の報酬」を乗じて退職慰労金とするというものです。

　計算例を示すと、次のとおりです。

　いま、次のような経歴を経て退任する執行役員がいるとします。

　　　執行役員　　　　　　　4年

　　　常務執行役員　　　　　2年

　　　専務執行役員　　　　　2年

一方、業務遂行の困難さや責任の重さなどを勘案して、役位別倍率が次のように定められているとします。

　　　執行役員　　　　　　　1.3

　　　常務執行役員　　　　　1.5

　　　専務執行役員　　　　　1.7

　この役員の場合、役位別倍率×役位別期間の総和は、次のように計算されます。

　　　執行役員分　　　　　　1.3×4年＝5.2

　　常務執行役員分　　　1.5×2年＝3.0

　　専務執行役員分　　　1.7×2年＝3.4

　　合計　　　　　　　　　　11.6

したがって、退任時の専務執行役員の報酬が月額150万円であるすると、退職慰労金は、次のように計算されます。

（退職慰労金）150万円×11.6＝1,740万円

　④　退任時報酬×執行役員全期間×退任時役員倍率

これは、「退任時報酬月額」「執行役員在任全期間」および「退任時役位倍率」の3つを乗じたものを退職慰労金とするというものです。

計算例を示すと、次のとおりです。

いま、次のような役位を歴任して退任する執行役員がいるとします。

　　執行役員　　　　　　4年

　　常務執行役員　　　　2年

　　専務執行役員　　　　2年

　　合計　　　　　　　　8年

一方、役位別倍率が

・役位ごとの業務遂行の困難さ

・役位ごとの責任の重さ

などを総合的に勘案して、次のように定められているとします。

　　執行役員　　　　　　1.3

　　常務執行役員　　　　1.5

　　専務執行役員　　　　1.7

また、退任時の専務執行役員報酬が月額150万円であるとします。

この執行役員の退職慰労金は、次のように計算されます。

　　（退職慰労金）　　150万円×8年×1.7（専務執行役員の役位倍率）＝2,040万円

⑤　退任時報酬×役員全期間

これは、退任時の報酬月額に役員在任全期間を乗じたものを退職慰労金とするというもので、きわめて単純明快な方式です。

計算例を示すと、次のとおりです。

いま、執行役員を10年務めて退任する者がいるとします。また、この執行役員の退任時の報酬が月額120万円であるとします。

この役員の退職慰労金は、次のように計算されます。

（退職慰労金）　120万円×10年＝1,200万円

（2）功労加算

任期満了等で退任する執行役員の中には、担当する組織の業務遂行において優れた成績を収め、会社の業績に特に貢献した者がいます。

例えば、大口の取引先を開拓したり、新しいマーケットを開発したり、あるいは、巧みな販売方法を駆使して、売上を大きく伸ばした執行役員営業部長がいます。

また、業務の効率化、品質の向上、生産性の向上、生産コストの削減において、優れた功績を挙げた執行役員工場長がいます。

さらには、労使関係の安定に大きく貢献した執行役員人事部長がいます。

このほか、独創的な新商品を開発し、会社の業績に大きく貢献した執行役員がいます。

そうした執行役員に対して、所定の退職慰労金を支払うだけで、ほかにはいっさい支払わないというのは、問題です。

やはり、所定の退職慰労金のほかに、功労金を特別加算することが望ましいといえます。

会社に特に貢献した執行役員に対しては、退職慰労金のほかに功労金を特別加算することが望ましいといっても、特別加算の額を自由に決めることは問題です。

　特別加算について、一定の制限を設けないと、退職慰労金制度が恣意的になる危険性があります。実際、算定の基準を設けても、功労加算が恣意的になり、無制限に行われると、算定の基準を設ける意味がなくなってしまいます。

　功労加算については、「退職慰労金の〇〇％以内とする」ということで、その上限を設けることが望ましいでしょう。

　上限は、30％程度とするのが適切です。

　なお、功労加算を行うことは、会社にとって重要な事項です。このため、功労加算については、役員会の決定に基づいて行うことにします。

3　モデル規程

執行役員退職慰労金規程

（総　則）
第1条　この規程は、退任する執行役員の退職慰労金の支給基準について定める。

（基準額の算出）
第2条　退職慰労金は、「役位別報酬月額」に「役位別在任年数」および「役位別倍率」を乗じて得られる額の累計額とする。

$$退職慰労金＝\Sigma（役位別報酬月額 \times 役位別在任年数 \times 役位別倍率）$$

（在任年数）
第3条　役位別在任年数は、その役位へ就任した月から起算し、退任の月までとする。

2　在任年数の計算において、1年未満は月割計算とする。

3　執行役員就任後、改選によって役位に異動の生じたときは、異

動の月から新しい役位を適用する。

（役位別倍率）

第4条 第2条において「役位別倍率」は次のとおりとする。

　　　　　専務執行役員　　1.7

　　　　　常務執行役員　　1.5

　　　　　執行役員　　　　1.3

（功労金）

第5条 在任中特に功労のあった執行役員に対しては、退職慰労金の基準額の30％の範囲において功労金を支給することがある。

2　功労金の支給は、取締役会において決定する。

（減額等）

第6条 在任中会社に重大な損害を与えた者については、退職慰労金の基準額を減額し、または支給しないことがある。

2　退職慰労金の減額または不支給は、取締役会において決定する。

（支給時期）

第7条 退職慰労金は、業務の引継ぎを完全に終了させ、かつ、会社に対して返済すべき債務があるときはその債務を返済した日から、2ヶ月以内に一時金として支給する。

（死亡のときの取り扱い）

第8条 執行役員が死亡したときは、退職慰労金はその遺族に支給する。

（付　則）この規程は、　年　月　日から施行する。

第6章

出張と出張旅費

第1節

執行役員出張規程

1　規程の趣旨

　執行役員は、担当業務を遂行するために出張することが多くあります。取引先との打ち合わせで出張することもあれば、社内会議に出席する目的で出張することもあります。仕事を受注するために出張することも多いでしょうし、展示会や見本市を視察する目的で出張することもあります。

　出張について、その取り扱い基準を規程として取りまとめておくことが望ましいといえます。

2　規程の内容

（1）出張の基準

　はじめに、出張の基準を明確にします。基準の決め方としては、

　①　距離を基準とする（例えば、片道50km以上へ外出する場合を出張扱いとする）

　②　所要時間を基準とする（例えば、4時間以上外出する場合を出張扱いとする）

　③　距離と時間の双方を基準とする（例えば、片道50km以上、かつ、所要時間4時間以上にわたる外出を出張扱いとする）

などがあります。

（2）出張の手続き

　出張の手続きについては、

　・執行役員の自由な判断に委ねる

　　・社長への届出事項とする

　　・社長の許可制とする

などがあります。

　一般的にいえば、原則的に届出制とし、長期出張や海外出張については、社長による許可制とするのが妥当でしょう。

（3）届出事項

　執行役員は、出張するときは、あらかじめ次の事項を社長に届け出ることにします。

　　・出張期間

　　・出張先

　　・出張の目的、用件

（4）出張先での心得

　出張先において、健康と安全に十分留意して行動することを求めます。

（5）出張旅費の支給

　出張に対しては、出張旅費を支給することを定めます。

（6）出張報告

　執行役員に対し、出張を終えたときは、社長に対し、その結果を報告することを義務付けます。

（7）緊急報告

　次の場合には、直ちに社長に報告し、その指示に従うべきことを定めるのが適切です。

　　・出張先において健康を害したとき

　　・出張先において重大な事件または事故に遭遇したとき

（8）帰社命令

　社長は、業務上必要であると判断したときは、出張中の執行役員に対し、出張を切り上げて帰社することを命令するものとします。

3　モデル規程

執行役員出張規程

（総　則）

第1条　この規程は、執行役員の出張について定める。

（出張の定義）

第2条　この規程において「出張」とは、50km以遠の地域において業務に従事することをいう。

（出張の手続き）

第3条　執行役員は、業務上必要であると判断したときは、いつでも自由に出張することができる。

（届　出）

第4条　執行役員は、出張するときは、あらかじめ次の事項を社長に届け出なければならない。

(1)　出張先

(2)　出張期間

(3)　出張の目的、用件

（許　可）

第5条　執行役員は、第3条の規定にかかわらず、次の場合には、社長の許可を受けなければならない。

(1)　1週間以上出張するとき

(2)　海外に出張するとき

（出張先での心得）

第6条　執行役員は、出張先において、健康と安全に十分留意して行動しなければならない。

（出張旅費の支給）

第7条　執行役員が出張するときは、「執行役員出張旅費規程」の

定めるところにより、出張旅費を支給する。

（出張報告）

第8条　執行役員は、出張を終えたときは、社長に対し、その結果を報告しなければならない。

（緊急報告）

第9条　執行役員は、次の場合には、直ちに社長に報告し、その指示に従わなければならない。

⑴　出張先において健康を害したとき

⑵　出張先において重大な事件または事故に遭遇したとき

（帰社命令）

第10条　社長は、業務上必要であると判断したときは、出張中の執行役員に対し、出張を切り上げて帰社することを命令することがある。

（付　則）この規程は、　年　月　日から施行する。

様式(1)　出張届

	年　月　日
取締役社長　殿	（執行役員）＿＿＿＿印

出張届

(1)　出張先	
(2)　出張期間	年　月　日〜　年　月　日
(3)　出張目的	
備　考	

様式(2)　出張報告書

	年　月　日
取締役社長　殿	（執行役員）＿＿＿＿印

出張報告書

(1)　出張先	
(2)　出張期間	年　月　日〜　年　月　日
(3)　出張目的	
(4)　報告事項	
備　考	

執行役員出張旅費規程

1　規程の趣旨

　出張に対しては、出張旅費が支払われます。出張旅費は出張に必要な経費ですので、合理的な基準に基づいて支出されることが必要です。

　執行役員の出張旅費の支給基準を明確にし、その支給基準に沿って適正な経理処理をしていくべきです。

2　規程の内容

（1）出張の基準

　出張の基準を明確にする。基準の決め方としては、

① 　距離を基準とする（たとえば、片道50km 以上へ外出する場合を出張扱いとする）

② 　所要時間を基準とする（たとえば、4 時間以上外出する場合を出張扱いとする）

③ 　距離と時間の双方を基準とする（たとえば、片道50km 以上、かつ、所要時間 4 時間以上にわたる外出を出張扱いとする）

などがあります。

（2）交通機関の利用基準

　急行、特急、新幹線、グリーン車、航空機の利用基準を明確にしておく。

（3）宿泊料の取り扱い

　宿泊料の取り扱いには、

・実費を支給する

・一定額を支給する

の２つがあります。一定額を支給するときは、専務執行役員、常務執行役員、執行役員という役位ごとに金額を決めるのが妥当です。

（4）日当の取り扱い

日当は、出張に伴う諸経費を補償するとともに、身体的、精神的負担に報いるための費目です。日当は、役位ごとに決めるのが妥当です。

（5）チケット支給

新幹線や航空機について、ビジネス関係の格安チケットが販売されているときは、現金にかえてチケットを支給することがある旨定めます。

（6）実費払い

宿泊費について、やむを得ない事情によって支給額では賄えなかったときは、実費との差額を支給する旨規定します。

（7）仮払い

旅費は、出発前に、その予定金額の範囲において仮払いを受けることができる旨規定します。

（8）清算

旅費は、出張から帰着後一定期間以内に清算を行わなければならない旨規定します。

3　モデル規程

執行役員出張旅費規程

（総　則）

第1条　この規程は、執行役員の国内出張に対する旅費の取り扱いについて定める。

2　海外出張旅費については、別に定める。

（出張の範囲）

第2条　この規程において「出張」とは、会社の命令により、50km以遠の地域において業務に従事することをいう。

（旅費の支給基準）

第3条　出張旅費の支給基準は、別表のとおりとする。

（起点・終点）

第4条　旅費の計算において、起点および終点は、原則として会社とする。

（新幹線等の利用）

第5条　出張が片道100km以遠にわたるときは、急行、特急または新幹線を利用できる。

（グリーン車）

第6条　利用する列車にグリーン車があるときは、グリーン車を利用できる。

（航空機の利用）

第7条　出張が片道500km以遠にわたるときは、航空機を利用できる。

（日当、宿泊料の計算）

第8条　日当および宿泊料は、出張のために要した日数および泊数によって支給する。

2　午後出発または午前帰着のときは、日当の5割を支給する。

3　休日に出発または帰着のときは、前2項のほかに、1日の日当を加算した額を支給する。出張先での休日の移動についても、本項を準用する。

（チケット支給）

第9条　鉄道賃および航空賃については、現金に代えてチケットを支給することがある。

（実費払い）

第10条　宿泊費について、やむを得ない事情によって支給額では賄えなかったときは、実費との差額を支給する。

（仮払い）

第11条　旅費は、出発前に、その予定金額の範囲において仮払いを受けることができる。

（清　算）

第12条　旅費は、出張から帰着後1週間以内に清算を行わなければならない。

（付　則）この規程は、　年　月　日から施行する。

（別表）出張旅費支給基準表

	新幹線・特急・急行・普通	航　空　機	自動車	日　　当	宿泊料
専務執行役員	グリーン車	スーパーシート	実費	6,000円	実費
常務執行役員	グリーン車	普通	実費	5,000円	15,000円
執 行 役 員	グリーン車	普通	実費	4,000円	14,000円

執行役員海外出張旅費規程

1　規程の趣旨

　経済の国際化、グローバル化に伴って、会社が海外と取引をする機会が増えています。これに伴い、執行役員が海外に出張する機会も増加しています。

　海外出張に要する旅費は、国内出張旅費に比較して高額です。このため、会社としては、支給基準を明確にし、それによって公正な経理処理を行っていくべきです。

2　規程の内容

（1）旅費の種類

　旅費の種類は、渡航手続費、交通費、宿泊費および日当とします。

（2）日当、宿泊料の取り扱い

　日当と宿泊料の取り扱いについては、

　・日当、宿泊料ともに定額を支給する

　・日当は定額、宿泊料は実費を支給する

の2つがあります。

　日当と宿泊料について定額方式をとる場合の決め方としては、

　①　全執行役員一律に決める

　②　役位ごとに決める

　③　役位と出張地域を基準として決める

などがあります。

（3）海外旅行傷害保険の取り扱い

　海外出張については、会社が保険料を負担することによって海外旅行傷害保険に加入させるのがよいでしょう。加入させるときは、

　①　役位ごとに保険金を決める

　②　保険料は全額会社で負担する

　③　事故が生じたときに支払われる保険金は会社が受け取る

ことを明確にしておきます。

3　モデル規程

執行役員海外出張旅費規程

（総　則）

第1条　この規程は、執行役員の海外出張旅費の取り扱いについて定める。

（出張期間）

第2条　海外出張の期間は、日本出発の日から日本帰着の日までとし、それ以外の日程にかかわる部分については、「執行役員出張旅費規程」の定めるところによる。

（旅費の種類）

第3条　海外出張旅費の種類は次のとおりとする。

　⑴　海外渡航手続費——旅券交付手数料、外貨交換手数料等

　⑵　交通費——航空機、船舶、鉄道、自動車の運賃

　⑶　宿泊費

　⑷　日当

（海外渡航手続費）

第4条　次に掲げる費用については、実費を支給する。

　⑴　旅券交付手数料

 (2) 査証料

 (3) 外貨交換手数料

 (4) 予防注射代

 (5) 出入国税

 (6) その他渡航に必要な費用

（交通費）

第5条 交通費は、別表「航空機・船舶・鉄道・バス・自動車」欄記載の基準により支給する。

2 利用する交通機関に所定の等級がないときは、実費を支給する。

（宿泊料）

第6条 宿泊料は、別表「宿泊料」欄記載のとおりとする。

2 出張先の事情で規定額では賄えなかったときは、その差額を補償する。この場合は、帰国後、宿泊先の領収書を添えて会社に申し出るものとする。

（日 当）

第7条 日当は、別表「日当」欄記載のとおりとする。

（仮払い）

第8条 旅費は、出発前に、その予定金額の範囲において仮払いを受けることができる。

（清 算）

第9条 旅費は、海外出張から帰着後10日以内に清算を行わなければならない。

（団体参加の場合）

第10条 団体の一員として海外に出張する場合で、交通費、食事代、宿泊費等いっさいの費用が参加費の中に含まれているときは、交通費および宿泊費については支給せず、日当の60％のみを支給する。

（海外旅行傷害保険）

第11条　海外出張中は、海外旅行傷害保険に加入する。保険金の額は別表「傷害保険」欄記載のとおりとし、その保険料は会社が負担する。

2　死亡した場合、保険金は会社に戻し入れるものとし、遺族に対しては会社の定めるところにより補償する。

（付　則）この規程は、　年　月　日から施行する。

（別表）海外出張旅費支給基準表

	航空機	船舶	鉄道	バス・自動車	宿泊料（ドル）	日　当（ドル）	傷害保険（死亡）（万円）	傷害保険（治療）（万円）
専務執行役員	ビジネスクラス	一等	一等	実費	180	80	5,000	800
常務執行役員	ビジネスクラス	一等	一等	実費	170	70	4,000	700
執行役員	エコノミークラス	一等	一等	実費	160	60	3,000	600

第 7 章

福利厚生

執行役員貸付金規程

1　規程の趣旨

　会社は、執行役員に重い業務責任を与えています。このため、その見返りとして、福利厚生面の施策を講ずることが望ましいといえます。重い業務責任を与えるのみで、福利厚生の施策はいっさい講じないというのは、望ましくありません。

　執行役員の福利厚生制度としてはさまざまなものが考えられますが、その1つは、資金貸付制度です。すなわち、執行役員の求めに応じ、土地や住宅の購入などのために一定の資金を低利で貸し付けます。資金の貸付は、安定した生活を可能にするための重要な福利厚生制度といえます。

　資金貸付制度を実施するときは、その取り扱い基準を規程として取りまとめておくことが望ましいでしょう。

2　規程の内容

（1）資金の使途

　貸付金の使途を限定するのが妥当です。使途としては、一般的に、

　　・土地、住宅の購入

　　・住宅の新築、増築、改築

　　・子女の結婚

などがあります。

（2）貸付の上限

　貸付金の上限を決めます。

・決め方には、報酬月額の○倍以内という形で、その執行役員の
　報酬を基準に決める

・○○○○万円以内という形で決める

・退職慰労金の○○％以内という形で、執行役員の退職慰労金を
　基準に決める

などがあります。

（3）貸付利率

　貸付利率は、市中金利より若干低い利率にします。

（4）返済期間

　貸付を受ける執行役員の負担が過度に重くならない形で返済期間
を決めます。

（5）返済方法

　返済方法としては、

・毎月の報酬の中から返済させる

・毎月の報酬と賞与の中から返済させる

・報酬や賞与とは別に返済させる

などがあります。

（6）貸付決定の手続き

　貸付の金額は、一般に多額となります。このため、取締役会の決
定によって行うことにするのが適切です。

　なお、執行役員は、会社法上の役員ではありません。このため、
「取締役が自己または第三者のために会社と取引を行うときは、取
締役会の承認を受けなければならない」という会社法の規定（第
356条）は適用されません。

3　モデル規程

執行役員貸付金規程

（総　則）

第1条　この規程は、執行役員に対する資金の貸付について定める。

（貸付の実施）

第2条　執行役員に対する資金の貸付は、取締役会の承認により行う。

（資金の使途）

第3条　資金の使途は、次に掲げるものに限るものとする。

　⑴　住宅用の土地の購入

　⑵　住宅の購入

　⑶　住宅の新築、増築または改築

　⑷　子女の結婚

（流用の禁止）

第4条　資金の貸付を受けた執行役員は、資金の全部または一部を前条で定める使途以外のものに使用してはならない。

2　資金の全部または一部を前条で定める使途以外のものに使用したときは、貸付金の全額を直ちに返済しなければならない。

（貸付金の限度）

第5条　貸付金は、貸付を受ける執行役員の貸付時現在における退職慰労金予定額の70%以下、かつ、2,500万円以下とする。

（金　利）

第6条　貸付金の金利は、年○．○%とする。

2　金利は、毎月の報酬支払時に徴収する。

（返　済）

第7条　返済期間は10年以内とし、毎月の報酬および賞与から返済

する。ただし、返済期間の途中で執行役員を退任し、会社を退職するときは、退任時に未返済額を全額返済しなければならない。

（申　請）

第8条　資金の貸付を希望する者は、次の事項を記載した書面を取締役会に提出するものとする。

(1)　資金の使途

(2)　貸付を希望する金額

(3)　貸付年月日

(4)　返済計画

（債務の履行義務）

第9条　会社から資金の貸付を受けた執行役員は、責任をもってその債務を完済しなければならない。

（退職慰労金との相殺）

第10条　会社から資金の貸付を受けた執行役員が退任時までにその債務を返済しないときは、会社は、本人の退職慰労金から未返済債務の金額を差し引くものとする。

（貸付の制限）

第11条　会社から資金の貸付を受けた執行役員は、その債務を完済するまで次の貸付を受けることができない。

（付　則）この規程は、　年　月　日から施行する。

様式　資金貸付申請書

年　月　日

取締役社長　殿

（執行役員）　　　印

資金貸付申請書

(1)	資金の使途		
(2)	貸付額		
(3)	貸付年月日	年　　月　　日	
(4)	返済期間	年　月〜　年　月（　年　ヶ月）	
(5)	返済予定額	報酬から	
		賞与から	
	特記事項		

執行役員生命保険規程

1 規程の趣旨

　退職慰労金や死亡弔慰金などを確実に確保する目的で、取締役について、会社が保険料を負担する形で生命保険に加入するところが多くあります。このような会社の場合は、執行役員についても生命保険に加入し、万一の場合に、退職慰労金や死亡弔慰金などに充当することが望ましいといえます。

2 規程の内容

（1）保険金

　保険金の決め方には、

- ・役位（専務執行役員、常務執行役員、執行役員）に関係なく一律とする
- ・役位別に決める

の2つがあります。

（2）保険料

　保険料は会社が負担します。

（3）保険金の受取人

　保険金は会社が受け取ることを明確にしておきます。

（4）保険金の使途

　保険金は退職慰労金、死亡弔慰金等に充当することを明確にしておきます。

3 モデル規程

執行役員生命保険規程

（総　則）

第1条　この規程は、執行役員の生命保険の取り扱いについて定める。

（生命保険契約の締結）

第2条　会社は、執行役員の退職慰労金および弔慰金を確保するため、生命保険会社との間で執行役員を被保険者、会社を保険金受取人とする生命保険契約を締結する。

（保険金）

第3条　保険金は、次のとおりとする。

専務執行役員	○○○○万円
常務執行役員	○○○○万円
執行役員	○○○○万円

（保険料）

第4条　保険料は、会社が全額負担する。

（保険金の使途）

第5条　保険金は、退職慰労金および弔慰金に充当する。

（保険証券の交付）

第6条　執行役員が退職するときは、退職慰労金の全部または一部として、保険契約上の名義を本人に変更のうえ、保険証券を交付することがある。この場合、保険契約の評価額は、解約払戻金相当額とする。

（付　則）この規程は、　年　月　日から施行する。

執行役員慶弔見舞金規程

1　規程の趣旨

　結婚や死亡などの慶弔事に祝い金や見舞金を贈ることは、会社の代表的な福利厚生です。

　執行役員についても、慶弔見舞金制度を実施することが望ましいでしょう。

2　規程の内容

（1）慶弔見舞金の種類

　慶弔見舞金の種類としては、一般的に、結婚祝金、子女結婚祝金、出産祝金、傷病見舞金、災害見舞金、死亡弔慰金などがあります。

（2）金額の決め方

　金額の決め方には、

　　・全執行役員一律に決める

　　・役位ごとに決める

の2つがあります。

3　モデル規程

執行役員慶弔見舞金規程

（総　則）

第1条　この規程は、執行役員の慶弔見舞金について定める。

（慶弔見舞金の種類）

第2条　慶弔見舞金の種類は次のとおりとする。

　　⑴　結婚祝金

　　⑵　子女結婚祝金

　　⑶　出産祝金（本人、配偶者）

　　⑷　傷病見舞金（2週間以上休職するとき）

　　⑸　死亡弔慰金

　　⑹　家族死亡弔慰金

　　⑺　災害見舞金

（支給額）

第3条　支給額は、別表のとおりとする。

（支給時期）

第4条　慶弔見舞金は、支給事由が発生した後速やかに支払う。

（届　出）

第5条　執行役員は、慶弔事が発生したときは、速やかに会社に届
　　け出なければならない。

（付　則）この規程は、　年　月　日から施行する。

（別表）執行役員慶弔見舞金支給額

1	結婚祝金	初婚	70,000円
		再婚	35,000円
2	子女結婚祝金	初婚	50,000円
		再婚	25,000円
3	出産祝金		20,000円
4	傷病見舞金	業務上傷病	50,000円
		業務外傷病	20,000円
5	死亡弔慰金	業務上死亡	500,000円
		業務外死亡	250,000円
6	家族死亡弔慰金	配偶者	100,000円
		子女	50,000円
		実父母	30,000円
7	災害見舞金	全焼、全壊	300,000円
		半焼、半壊	150,000円
		一部損失	75,000円

執行役員業務災害特別補償規程

1　規程の趣旨

　執行役員は、担当部門の最高責任者ですから、現場の視察に出かけたり、取引先との商談などで外出したりすることが多くあります。1日中オフィスの中でデスクワークを行うというケースは少ないでしょう。

　現場に出かけたり、あるいは外出・出張の機会が多ければ、それだけ災害に遭う危険性も高くなります。

　執行役員は、「使用者」ではありません。労働基準法上は、「労働者」です。したがって、業務や通勤途上で災害を被った場合には、一般の社員と同じように労災保険による補償が行われます。しかし、労災保険による補償は、必ずしも十分であるとはいえません。

　執行役員は、重い責任を負っています。このような事情に配慮し、執行役員が業務災害に遭った場合に会社として労災保険とは別に特別の補償を行うことが望ましいでしょう。

　執行役員の業務災害に対して、労災保険とは別に特別の補償を行う制度を「執行役員業務災害特別補償制度」といいます。

2　規程の内容

（1）補償の対象
　補償の対象については、
　・業務上の災害のみとする
　・業務上の災害のみならず、通勤上の災害も対象とする

の2つの取り扱いがあります。

　業務上の災害のみならず、通勤上の災害も対象とすることが望ましいといえます。

（2）補償の種類

　補償の種類としては、

①　療養補償——診察、処置、手術などに必要な費用の補償

②　休業補償——休業したときの所得の補償

③　障害補償——傷病が治っても身体に障害が残った場合の補償

④　遺族補償——死亡した場合に遺族に支払われる補償

などが考えられます。

　このうち、診察・治療については健康保険が適用されて現物給付が行われますから、実際には、休業補償、障害補償および遺族補償が中心となります。

（3）補償額の決め方

　補償額の決め方には、

　・役位にかかわらず、一律に決める

　・役位ごとに決める

の2つがあります。

3　モデル規程

執行役員業務災害特別補償規程

（総　則）

第1条　この規程は、執行役員が業務上の事由で災害を受けたときの補償について定める。

（通勤災害）

第2条　この規程は、通勤途上の災害についても適用する。

（補償の種類）

第3条　補償の種類は、次のとおりとする。

　⑴　療養補償

　⑵　休業補償

　⑶　遺族補償

　⑷　障害補償

（療養補償）

第4条　執行役員が業務上負傷し、または疾病にかかったときは、会社はこれに必要な療養費を支給する。ただし、健康保険の適用を受けたときは、本人の自費負担分のみを支給する。

（休業補償）

第5条　執行役員が業務上負傷し、または疾病にかかり、療養のため休業するときは、その期間中、報酬の全額を支給する。ただし、任期が満了して執行役員としての身分を失ったときは、一般社員と同じ補償とするため、この限りではない。

（遺族補償）

第6条　執行役員が業務上死亡したときは、遺族に対して補償を行う。遺族補償は、「別表1」のとおりとする。

（障害補償）

第7条　執行役員が業務上負傷し、または疾病にかかり、治っても身体に障害が残るときは、その程度に応じて補償を行う。障害補償は、「別表2」のとおりとする。

2　障害等級の区分およびその定義は、労働者災害補償保険法施行規則の定めるところによる。

（労災保険との関係）

第8条　執行役員が労働者災害補償保険によって補償を受けるときは、労働者災害補償保険による補償がこの規程による補償を下回る場合にのみ、その差額を補償する。

（第三者行為による災害との関係）

第9条 執行役員が第三者の行為によって業務災害を受け、第三者
　　による補償が行われたときは、その補償がこの規程による補償を
　　下回る場合にのみ、その差額を補償する。

（付　則）この規程は、　年　月　日から施行する。

（別表1）遺族補償

専 務 執 行 役 員	4,000万円
常 務 執 行 役 員	3,500万円
執 行 役 員	2,500万円

（別表2）障害補償

障害等級	障　害　補　償
第1級	遺族補償の100％相当額
第2級	100％
第3級	100％
第4級	60％
第5級	50％
第6級	40％
第7級	30％
第8級	20％
第9級	15％
第10級	10％
第11級	8％
第12級	6％

第 8 章

健康管理・休暇・
自己啓発支援等

第1節

執行役員生活習慣病検診規程

1　規程の趣旨

　糖尿病、肥満、高脂血症、高血圧など、いわゆる生活習慣病（成人病）は、ガンとともに、注意・警戒すべき病気です。

　執行役員は、その立場上、多忙であるため、食生活が不規則になったり、あるいは運動不足に陥ったりします。飲酒の機会も多くなります。したがって、執行役員は、生活習慣病にかかりやすいといえます。

　執行役員が生活習慣病になると、業務に支障が生じます。

　生活習慣病対策は、早期発見・早期治療、生活習慣の早期改善に尽きるといわれます。

2　規程の内容

　規程には、

・執行役員に対して、年1回、生活習慣病検診を行うこと

・執行役員は、必ず検診を受けること

・検診の結果、医師から生活の改善（食生活、日常の運動、喫煙・飲酒の改善等）を指導されたときは、その指導に従うこと

などを盛り込むのがよいでしょう。

3　モデル規程

執行役員生活習慣病検診規程

（総　則）

第1条　この規程は、執行役員の生活習慣病検診について定める。

（生活習慣病検診の実施）

第2条　会社は、毎年、会社が契約した医療機関において、執行役員を対象として生活習慣病検診を実施する。

（検査項目）

第3条　検診の検査項目は、医療機関の定めるところによる。

（受診の義務）

第4条　執行役員は、必ず検診を受けなければならない。

（検診費用の負担）

第5条　検診に要する費用は、会社が負担する。

（生活の改善）

第6条　執行役員は、検査の結果をもとに医師から食生活、運動習慣および喫煙・飲酒等について改善を指導されたときは、その指導にしたがって改善するように努めなければならない。

（付　則）この規程は、　年　月　日から施行する。

執行役員人間ドック受診規程

1　規程の趣旨

　執行役員の多くは、「自分は健康である」「健康には自信がある」といいます。

　健康について自信を持つことは良いことです。しかし、健康への自信が裏目に出ることが少なくありません。身体の異常あるいは変調が気になって病院で診察を受けたところ、治療の余地がないほど病状が悪化ししていたというケースがあります。

　病気については、早期発見・早期治療がきわめて重要です。

　人間ドックは、さまざまな角度から検査を総合的に行って病気や身体の異常・変調を早期に発見するというものです。業務の第一線の最高責任者である執行役員に対して定期的に人間ドックを受診させることは、会社の重要なリスクマネジメントです。

2　規程の内容

（1）受診費用の負担

　人間ドックの受診費用は、相当高額です。当然のことながら、検査項目が多くなればなるほど、受診料も高くなります。

　執行役員の受診のインセンティブを高めるためには、会社が受診料の全額または相当部分を負担するのが望ましいといえます。

（2）配偶者の取り扱い

　執行役員が業務に集中・専念するためには、配偶者も健康であることが必要です。配偶者が病気になると、その看護や介護に追われ、

業務に集中することができなくなる可能性があります。このため、配偶者の受診費用についても補助をしている会社があります。

　配偶者についても受診費用の補助を行うときは、「配偶者についても執行役員本人と同じように取り扱う」という条項を設けます。

3　モデル規程

執行役員人間ドック受診規程

（総　則）

第1条　この規程は、執行役員の人間ドックの取り扱いを定める。

（受診費の補助）

第2条　会社は、執行役員が会社の指定する医療機関において人間ドックを受診するときは、その費用の全額を負担する。

（自己負担）

第3条　前条の規定にかかわらず、執行役員が医療機関の定める検査項目以外の項目について追加的に検査するときはその費用は自己負担とする。

（届　出）

第4条　執行役員は、人間ドックを受診するときは、あらかじめ会社に届け出なければならない。

（食生活等の指導があった場合）

第5条　執行役員は、検査の結果を踏まえて医療機関から食事の栄養バランス、日常の運動、喫煙および飲酒等について指導を受けたときは、その指導に従うようにしなければならない。

（付　則）この規程は、　年　月　日から施行する。

第3節

執行役員ガン検診規程

1　規程の趣旨

胃ガン、肺ガン等のガンは、生活習慣病と並んで注意すべき病気です。

業務の第一線の最高責任者である執行役員がガンのために倒れると、業務に大きな支障が生じます。業務経験が豊かでリーダーシップと統率力に優れた執行役員であればあるほど、会社の業績に与える影響が大きいといえます。

ガンについても、他の病気と同じように、早期発見・早期治療が重要です。発見が早ければ治療が可能であるガンも、発見が遅れると、治療が困難になります。

執行役員に対して、定期的にガン検診を受けるように奨励します。

2　規程の内容

（1）補助の内容

受診費の全額または一部を会社として補助することとし、その内容を具体的に定めます。執行役員の受診のインセンティブを高めるという観点からすると、補助率を高くするのが望ましいといえます。

（2）ガンの種類

補助の対象とするガンについては、

　　・特定のガン（例えば、胃ガンと肺ガン）に限定する

　　・すべてのガンを対象とする

の2つの取り扱いがあります。

3　モデル規程

執行役員ガン検診規程

（総　則）

第1条　この規程は、執行役員のガン検診について定める。

（ガン検診）

第2条　執行役員は、毎年定期的にガン検診を受けるようにしなければならない。

（受診費用の補助）

第3条　会社は、執行役員が会社の指定する医療機関においてガン検診を受けるときは、その費用の60％を補助する。ただし、年間○万円を上限とする。

（ガン検診の種類）

第4条　ガン検診の種類は問わないものとする。

（届　出）

第5条　執行役員は、ガン検診を受けるときは、あらかじめ会社に届け出なければならない。

（付　則）この規程は、　年　月　日から施行する。

第4節

執行役員禁煙手当規程

1　規程の趣旨

喫煙は、健康に良くないといわれます。しかし、執行役員の中には、喫煙者が少なくありません。中には「ヘビースモーカー」といわれる人もいます。

喫煙は、個人の嗜好と生活スタイルに深く結びついています。したがって、禁煙を促進することは容易ではありません。禁煙を促進する1つの試みは禁煙手当の支給です。会社に禁煙を申し出た執行役員に対して、一定額の手当を一定期間支給することにより、禁煙への動機付けとします。

2　規程の内容

（1）手当の金額と支給期間

禁煙手当の金額と支給期間を決めます。

禁煙を促すという観点からすると、多くの額を長い期間支給するのが効果的です。しかし、そのような取り扱いをすると、もともと喫煙していない執行役員や一般社員との間に不公平を生じさせることになります。

一般的・常識的に判断して、月額1,000～3,000円程度を6ヶ月～1年程度支給するのが妥当でしょう。

（2）誓約書の提出

禁煙に強い意志で取り組ませるため、書面で「禁煙します」という誓約書の提出を求めるのがよいでしょう。

3 モデル規程

執行役員禁煙手当規程

（総　則）

第1条　この規程は、執行役員の禁煙手当について定める。

（禁煙手当の支給）

第2条　会社は、禁煙を申し出た執行役員に対して禁煙手当を支給する。

（支給額と支給期間）

第3条　禁煙手当は、月額3,000円とし、禁煙を申し出た月から1年間支給する。

（誓約書の提出）

第4条　禁煙手当の支給を受けることを希望する者は、会社に禁煙する旨の誓約書を提出しなければならない。

（支給の停止）

第5条　禁煙手当の支給を受けている者が喫煙したときは、その月から手当の支給を停止する。

（付　則）この規程は、　年　月　日から施行する。

執行役員健康手当規程

1　規程の趣旨

　執行役員の業務を継続的に行っていくためには、健康であることが何よりも重要です。いくら職務遂行能力が高くても、あるいは職務遂行意欲が強くても、健康でなければその業務を継続的に遂行することはできません。健康の重要性は、いくら強調しても、強調しすぎることはありません。

　健康維持の要件は、規則正しい生活などいくつかありますが、日常的に歩くこともその1つです。歩くことによって血液の好循環が維持され、健康が保たれます。

　執行役員は、業務が多忙であるため、運動量が不足しがちです。

　会社は、執行役員の運動について、工夫を払うべきです。その1つの試みが健康手当の支給です。これは、毎日一定歩数以上歩くことなどを条件として、一定額の健康手当を支給するというものです。誰もが実行可能な、現実的な健康促進策といえます。

2　規程の内容

（1）健康手当の支給年度

　健康手当は、1年を単位として支給することとし、その支給年度を定めます。

（2）支給条件

　健康手当の支給条件を具体手に定めます。例えば、1年を通じて次のことを実行することに同意した者に支給することとします。

① 　毎日8,000歩以上歩くこと
② 　上下3階以内のフロアへの移動については、エレベーターを
使用せず、徒歩で行うこと

（3）健康手当の支給額

健康手当の支給額を具体的に定めます。

3　モデル規程

執行役員健康手当規程

（総　　則）

第1条　この規程は、執行役員健康手当の取り扱いについて定める。

（健康手当の支給年度）

第2条　健康手当の支給年度は、4月1日から翌年3月31日までの
1年とする。

（健康手当の支給）

第3条　会社は、4月1日に、1年を通じて次のことに努めること
を申し出た執行役員に対して、その後1年間、健康手当を支給す
る。

⑴ 　毎日8,000歩以上歩くこと

⑵ 　上下3階以内のフロアへの移動については、エレベーターを
使用せず、徒歩で行うこと

（健康手当の額）

第4条　健康手当は、月額10,000円とし毎月25日に支給する。

（執行役員の努力義務）

第5条　執行役員は、健康の維持増進のため、日常生活においてで
きる限り歩くように努めなければならない。

（付　　則）この規程は、　年　月　日から施行する。

執行役員年休計画的付与規程

1　規程の趣旨

　会社と執行役員との関係が「雇用関係」である場合、執行役員に対しては労働基準法が適用され、年休（年次有給休暇）が付与されます。

　執行役員は、付与された年休の全部または相当日数を取得し、業務に伴う心身の疲労の回復や個人生活の充実に当てることが望まれます。しかし、業務が忙しいことなどから取得日数が少ないのが現状です。疲労が回復しないとか、個人生活を楽しめないというのは問題です。

　会社は、執行役員の年休の取得促進に取り組むべきです。その1つの試みが年休の計画的付与制度です。これは、日にちを指定して年休を計画的に付与するという制度です。重い責任を負い、日々業務に追われている執行役員にふさわしい制度といえるでしょう。

2　規程の内容

（1）計画的付与の対象日数

　計画的付与の対象とする年休の日数は、新規付与日数から5日を控除した日数とします。例えば、新規付与日数が20日の執行役員の場合は、15日を計画的付与の対象とします。

（2）計画的付与の日数

　会社が計画的に付与する日数は、1ヶ月当たり1～2日程度とするのが適切でしょう。

（3）年休取得の義務

　執行役員に対して、会社が計画的に付与した日に年休を取得する義務を課します。

3　モデル規程

執行役員年休計画的付与規程

（総　則）

第1条　この規程は、執行役員の年休計画的付与制度について定める。

（制度の目的）

第2条　この制度は、執行役員の年休取得を促進する目的で実施する。

（年休の計画的付与）

第3条　会社は、執行役員の年休については、5日を控除した日数を計画的に付与する。

（付与日数）

第4条　付与日数は、原則として1ヶ月当たり1〜2日程度とし、各月のはじめに本人の希望を踏まえて決定し、通知する。

（年休の取得）

第5条　執行役員は、指定された日に年休を取得しなければならない。

（付　則）この規程は、　年　月　日から施行する。

第7節

執行役員リフレッシュ休暇規程

1　規程の趣旨

　執行役員の業務を遂行するためには、リーダーシップとマネジメント能力が要求されるほかに、企画力、先見力、独創力なども求められます。

　さらに、経営環境がどのように変化しているかを的確に把握し、変化への対応を着想する柔軟性も必要です。

　このような能力を磨き、さらにその能力を向上させていくためには、定期的に心身のリフレッシュを図っていくことが必要です。

　日常の業務に忙殺され、疲労が蓄積されるだけで、リフレッシュを図る時間的・精神的なゆとりがないという状況は大いに問題です。

　会社は、業務の第一線の最高責任者である執行役員に対して心身のリフレッシュを図るための機会を提供するべきです。

2　規程の内容

（1）リフレッシュ休暇の付与基準

　リフレッシュ休暇の付与については、

- ・就任年数を基準とする（例えば、就任後2年目、4年目、6年目……に付与する）
- ・年齢を基準とする（例えば、45歳、50歳、55歳に達したとき）
- ・年齢と就任年数の双方を基準とする

の3つがあります。

（2）休暇の日数

休暇の日数は、2週間程度とするのが適切でしょう。

（3）休暇の使途

休暇をどのように過ごすかは、本人の自由に委ねます。

3　モデル規程

執行役員リフレッシュ休暇規程

（総　則）

第1条　この規程は、執行役員のリフレッシュ休暇制度について定める。

（リフレッシュ休暇の付与）

第2条　会社は、執行役員が就任後偶数年（2年、4年、6年、8年、以下省略）に達したときに心身のリフレッシュを図るための特別休暇を付与する。

（リフレッシュ休暇の日数）

第3条　リフレッシュ休暇の日数は10日（週休日を含めて、2週間）とする。

（休暇の取得義務）

第4条　執行役員は、就任後の期間が偶数年目に入った日から6ヶ月以内に、業務の比較的少ない時期を選択してリフレッシュ休暇を取得し、心身のリフレッシュを図らなければならない。

（休暇の使途）

第5条　休暇の使途は特に問わないものとする。

（執行役員の業務の代行）

第6条　執行役員が休暇中は、部次長が業務を代行する。

（付　則）この規程は、　年　月　日から施行する。

執行役員私傷病休職規程

1　規程の趣旨

　会社に籍を残したまま、一定期間業務の遂行を免除する制度を休職といいます。最初の1週か2週は休暇または欠勤として処理し、それを超える期間を休職として処理するのが一般的です。

　休職の事由は、私傷病の治療、出向、公職就任、通学・留学などさまざまですが、執行役員の場合は、その任務の性格上、大半が私傷病の治療です（育児休職、介護休職を除く）。

　執行役員の業務は多忙です。このため、心身の健康を損なう可能性があります。執行役員の私傷病休職を制度化することが望ましいといえます。

2　規程の内容

（1）休職期間

　休職期間は、「傷病が治癒するまで」とします。ただし、途中で執行役員の任期が満了するときは、その満了日までとします。

（2）報酬の取り扱い

　休職中の報酬の取り扱いについては、

　　・全額を支給する

　　・一定割合を支給する

　　・支給しない

の3つがあります。いずれかを選択します。

（3）賞与の取り扱い

　休職中は、業務を執行しないので、会社の業績に貢献することはできません。したがって、賞与は支給しないものとします。

　なお、賞与の計算期間の途中から休職した場合、または途中から復職した場合は、勤務月数の割合に応じて支給額を決めます。

3　モデル規程

執行役員私傷病休職規程

（総　則）

第1条　この規程は、執行役員の私傷病休職について定める。

（私傷病休職）

第2条　会社は、執行役員が業務外の事由で傷病し、2週間以上業務に従事することができないときは、2週間を超える日から休職として取り扱う。

（届　出）

第3条　執行役員は、業務外の事由で傷病し、2週間以上業務に従事することができないときは、医師の診断書を添えて会社に届け出なければならない。

（休職期間）

第4条　休職期間は、傷病が治癒するまでとする。ただし、途中で執行役員としての任期が満了するときは、任期満了日をもって終了する。

（身　分）

第5条　休職中も執行役員としての身分に変更はないものとする。

（報　酬）

第6条　休職中は、報酬の50％を支給する。

（賞　与）

第7条　休職期間に対しては、賞与は支給しない。

（在任期間の取り扱い）

第8条　退職慰労金の算定において、休職期間は在任年数に通算しない。

（復職届）

第9条　傷病が治癒して復職するときは、復職日の2週間前までに、医師の診断書を添えて会社に届け出なければならない。

（付　則）この規程は、　年　月　日から施行する。

第9節

執行役員自己啓発手当規程

1　規程の趣旨

（1）執行役員と自己啓発

　経営環境は、絶えず変化しています。デジタル化が進み、新しいビジネスやサービスが登場しています。取引先や消費者のニーズも、高度化・多様化しています。社員の生活様式や価値観も、変化しています。

　このような中で、執行役員の業務を確実に遂行するためには、自己啓発に努めることが必要です。経済社会の流れや最新の動向を知ることが重要です。会社から指示された業務を処理するだけでは、変化する経営環境に対応することはできないでしょう。

（2）読書による自己啓発

　自己啓発には、

　　・経済新聞や経営雑誌を読む

　　・講演会やセミナーに参加する

　　・テレビやラジオの経済・ビジネスの番組を視聴する

　　・異業種交流会に参加する

など、さまざまな方法がありますが、「どこにいてもできる」「自分の好きな時間にできる」「安いコストでできる」という点から判断すると、読書が便利です。

　会社は、執行役員に対して、読書による自己啓発を奨励するのが望ましいといえます。

2　規程の内容

（1）自己啓発手当の支給年度

　自己啓発手当は、1年を単位として支給することとし、その支給年度を定めます。

（2）支給条件

　自己啓発手当の支給条件を具体手に定めます。例えば、1年を通じて次のことを実行することに同意した者に支給することとします。

○毎月、ビジネス書を2冊以上読むこと（本の内容およびページ数は問わない）

（3）自己啓発手当の支給額

　自己啓発手当の支給額を具体的に定めます。

3　モデル規程

執行役員自己啓発手当規程

（総　則）

第1条　この規程は、執行役員自己啓発手当の取り扱いについて定める。

（自己啓発手当の支給年度）

第2条　自己啓発手当の支給年度は、4月1日から翌年3月31日までの1年とする。

（自己啓発手当の支給）

第3条　会社は、4月1日に、1年を通じて次のことに努めることを申し出た執行役員に対して、その後1年間、自己啓発手当を支給する。

(1)　毎月、ビジネス書を2冊以上読むこと（本の内容およびページ数は問わない）

(2)　その他の自己啓発

（自己啓発手当の額）

第4条　自己啓発手当は、月額10,000円とし毎月25日に支給する。

（執行役員の努力義務）

第5条　執行役員は、自らの役割と責任をよく認識し、絶えず自己啓発に努めなければならない。

（付　則）この規程は、　年　月　日から施行する。

第10節

執行役員外国語習得奨励金規程

1　規程の趣旨

（1）ビジネスの国際化

　現在のビジネスの特徴は、国際化・グローバル化です。

　商品の販売先・取引先、部品や原材料の販売先・仕入先が国際化しています。外国出張の機会が増えると同時に、出張先も拡大しています。外国人の社員も、確実に増加しています。

（2）外国語習得の支援

　会社がこのような状況の中で成長していくためには、業務の第一線の最高責任者である執行役員が外国語に少しでも慣れ親しんでいることが必要です。すべての執行役員が外国語に堪能になるのは困難であるとしても、外国語をある程度話せる執行役員、理解できる執行役員が一人もいないというのでは、これからの時代に対応していくことは期待できないでしょう。

　会社として、執行役員の外国語習得を制度的に支援することが望まれます。例えば、外国語の習得に要する費用の一部を補助します。

2　規程の内容

（1）補助金の支給額

　補助金の支給額を定めます。

　外国語学校に通学する場合、入学金や授業料が相当高額になります。このため、補助金の支給額に上限を設けるのが現実的でしょう。

（2）対象の外国語

補助の対象とする外国語については、

- ・1つだけ特定する
- ・いくつかを特定する
- ・特に問わない（すべての外国語を補助の対象とする）

の3つがあります。

（3）外国語の習得方法

外国語の習得方法は、各人の自由に委ねます。

3　モデル規程

執行役員外国語習得奨励金規程

（総　則）

第1条　この規程は、執行役員に対する外国語習得支援制度について定める。

（費用の補助）

第2条　会社は、執行役員が外国語を習得する場合、その習得に要した費用の70％を補助する。ただし、1年度○万円を限度とする。

（外国語の種類

第3条　外国語の種類は、次のいずれかとする。

　英語／ドイツ語／フランス語／スペイン語／韓国語／中国語／ロシア語

（習得の方法）

第4条　習得の方法は、外国語学校への通学、個人レッスン、テレビ・ラジオの外国語番組の視聴その他、本人の自由とする。

（会社への請求）

第5条　費用の補助を受けるときは、次の事項を記載した請求書を

会社に提出するものとする。請求書には、領収書を添付しなければならない。

(1)　支出先

(2)　支出金額

(3)　支出月日

(4)　その他必要事項

（付　則）この規程は、　年　月　日から施行する。

第11節

執行役員資格取得奨励金規程

1　規程の趣旨

　仕事については．社会保険労務士をはじめとし、さまざまな資格が設けられています。古い歴史を持つ資格もあれば、IT 化・デジタル化という最近の流れの中で登場した新しい資格もあります。また、その資格を持っていないと、行えない業務もあります。

　執行役員の業務と役割を遂行するのに、必ずしも特定の資格は必要ありません。執行役員の主たる業務は、部下に対する指揮命令と管理監督です。したがって、リーダーシップとマネジメント力があれば、その任務を遂行することが可能です。

　しかし、資格を持っていれば、執行役員としての業務の幅を広げることができます。また、指揮命令をより一層具体的に行うことができるようになります。

　会社としては、執行役員の資格取得について金銭面で支援することにより、その動機づけを図ることが望ましいといえます。

2　規程の内容

（1）補助金の支給額

　補助金の支給額を定めます。

　資格については、さまざまな専門学校があります。専門学校は、体系的・組織的に知識を学べるので便利ですが、当然のことながら通学する場合には、入学金や授業料が相当高額になります。このため、補助金の支給額に上限を設けるのが現実的でしょう。

237

（2）対象の資格

業務に関係する資格であれば、すべて補助の対象とするのがよいでしょう。

（3）資格取得の方法

どのような方法で資格を取得するかは、各人の自由に委ねます。

3　モデル規程

執行役員資格取得奨励金規程

（総　則）

第1条　この規程は、執行役員に対する資格取得支援制度について定める。

（費用の補助）

第2条　会社は、執行役員が業務に関係する資格を取得する場合、その取得に要する費用の70%を補助する。ただし、1年度○万円を限度とする。

（資格の内容）

第3条　資格の内容は、特に問わないものとする。

（取得の方法）

第4条　資格取得の方法は、専門学校への通学その他、本人の自由とする。

（会社への請求）

第5条　費用の補助を受けるときは、次の事項を記載した請求書を会社に提出するものとする。請求書には、領収書を添付しなければならない。

(1)　支出先

(2)　支出金額

⑶ 支出月日

⑷ その他必要事項

(付　則) この規程は、　年　月　日から施行する。

執行役員・若手社員交流会規程

1　規程の趣旨

　執行役員の業務を円滑・的確に遂行するためには、

　　・部下が何を考えているか

　　・部下が仕事について、どのようなことを希望しているか

をしっかりと把握することが何よりも重要です。とりわけ、若手社員の考えや意見を掌握することが必要です。

　組織のトップが若いメンバーの意見に耳を傾けることは、組織活性化の「基本中の基本」です。

　会社は、部門の最高責任者である執行役員が若手社員と自由に交流する機会を制度化することが望まれます。

2　規程の内容

（1）交流会の目的

　交流会の目的は、「執行役員と若手社員が意見を交換することにより職場の活性化を図ること」とします。

（2）交流会の構成

　交流会は、執行役員と一定年齢以下（未満）の若手社員で構成します。

（3）交流会の開催頻度

　交流会は、部門ごとに、1年に2回程度の頻度で開催するのが現実的でしょう。

（4）交流会の議題

　交流会は、自由に意見を述べる場とし、議題は特に設けないものとします。

3　モデル規程

執行役員・若手社員交流会規程

（総　則）

第1条　この規程は、執行役員・若手社員交流会制度（以下、単に「交流会」という）について定める。

（交流会の目的）

第2条　交流会は、執行役員と若手社員が軽い飲食を共にしながら意見を交換することにより職場の活性化を図ることを目的として実施する。

（交流会の構成）

第3条　交流会は、執行役員と30歳未満の社員で構成する。

（開催頻度等）

第4条　交流会は、部門ごとに1年に2回程度、終業後に会議室で開催する。所要時間は、1時間程度とする。

（議　題）

第5条　議題は、特に設けないものとする。

（付　則）この規程は、　年　月　日から施行する。

執行役員特別褒賞金規程

1　規程の趣旨

　執行役員の中には、会社の業績の向上に大きく貢献する者がいます。

　例えば、営業担当の執行役員の場合、大口の物件の受注、新しい取引先や販路の開発、特別キャンペーンの企画・実施、あるいはユニークなタレントを起用した TV コマーシャルの企画・実施などによって、売上を大きく伸ばす者がいます。

　また、技術担当の執行役員の場合、斬新な発想と粘り強い実験の積み重ねによって新技術を開発・発明し、業績に大きく貢献する者がいます。

　このように努力や創意工夫、あるいは既存のスキームにとらわれない新しい着想・発想によって業績に大きく貢献した執行役員に対しては、通常の賞与とは別に、特別に褒賞金を支給するのがよいでしょう。

2　規程の内容

（1）支給対象者

　特別褒賞金の支給対象者は、売上・受注、新技術の発明・開発、新商品の開発、生産コストの削減などにおいて、会社の業績に大きく貢献した執行役員とします。

（2）褒賞金の支給額

　褒賞金の支給額は、会社の業績への貢献度を公正に評価して、役員会で決定します。

3　モデル規程

<h2 style="text-align:center">執行役員特別褒賞金規程</h2>

（総　則）

第1条　この規程は、執行役員の特別褒賞金制度について定める。

（特別褒賞金の支給）

第2条　会社は、執行役員が次のいずれかに該当するときは、役員会の決定により、特別褒賞金を支給する。

⑴　大口の受注、新しい販路の開発等により、受注額を大きく伸ばしたとき

⑵　売上げの大幅な増加をもたらした新商品を開発したとき

⑶　業績の向上に大きく寄与した新技術を発明したとき

⑷　業務の改善により、生産コストを大きく削減したとき

⑸　経営危機の解決または防止に大きく貢献したとき

⑹　その他、経営に大きく貢献したとき

（褒賞金の額）

第3条　特別褒賞金の支給額は、業績への貢献度を基準として、役員会で決定する。

（褒賞金の支給時期）

第4条　特別褒賞金は、その支給を役員会で決定した日から1ヶ月以内に支給する。

（付　則）この規程は、　年　月　日から施行する。

執行役員パワハラ防止規程

1　規程の趣旨

　執行役員は、部下を指導監督する立場にあります。また、部門の業務目標を達成する重い責任を負っています。さらに、仕事ができることを評価されて執行役員に登用されたために、部下の仕事への取り組み方が不十分であると思い込みがちです。

　このような事情から、執行役員によるパワハラが生じる可能性が高いといえます。

　しかし、パワハラは、部下の人格や名誉を傷つける行為ですから、許されるものではありません。

2　規程の内容

（1）パワハラ行為の禁止

　部下に暴言を吐いたり、大きな声で叱ったりするなどのパワハラ行為を禁止することを定めます。

（2）パワハラ行為の責任

　パワハラをしたときは、その責任を負わなければならない旨、定めます。なお、次のことを理由として、責任を免れることができないことを明確にします。

　　①　部下の指導・教育を目的として行ったこと

　　②　職場の秩序を維持する目的で行ったこと

3 モデル規程

執行役員パワハラ防止規程

（総　則）

第1条　この規程は、執行役員のパワハラ防止について定める。

（パワハラの禁止）

第2条　執行役員は、職務上の地位または関係を利用して、部下に対して次に掲げることをしてはならない。

(1)　暴言を吐いたり、大声で叱責したりすること

(2)　過度に仕事を与えること

(3)　仕事を与えないこと

(4)　職場において無視すること

(5)　私的なことに過度に立ち入ること

(6)　その他前各号に準ずること

2　執行役員は、自らの言動が部下に対して大きな影響を及ぼすことをよく認識して行動しなければならない。

（人事部への相談）

第3条　執行役員は、自らの言動がパワハラに該当するか判断に迷うときは、人事部に相談しなければならない。

（パワハラの責任）

第4条　執行役員は、自らのパワハラ行為によって部下に精神的な被害を与えたときは、その責任を負わなければならない。

（免責の制限）

第5条　執行役員は、次のことを理由として、自らのパワハラの責任を免れることはできない。

(1)　部下の指導・教育を目的として行ったこと

(2)　職場の秩序を維持する目的で行ったこと

（付　則）この規程は、　年　月　日から施行する。

第15節

執行役員インサイダー取引防止規程

1　規程の趣旨

　執行役員は、その職務上の立場から、会社および取引先の株価の形成に影響する重要情報に接する機会が多いといえます。このため、いわゆるインサイダー取引が行われる可能性があります。インサイダー取引は、周知のように金融商品取引法で禁止されています。

　インサイダー取引が発生すると、会社の社会的な信用は大きく失墜します。

　会社は、執行役員によるインサイダー取引が生じないように努めることが必要です。

2　規程の内容

（1）会社株式の売買の禁止

　執行役員が職務上知り得た会社の重要情報を利用して会社の株式を売買することを禁止します。自己の名義による売買はもちろんのこと、家族や友人・知人の名義による売買も禁止します。

（2）事実関係の調査

　インサイダー取引の疑惑が生じたときは、直ちに事実関係を調査します。

（3）懲戒処分

　事実関係の調査の結果、インサイダー取引が行われたことが確認されたときは、当事者を懲戒処分に付します。

3　モデル規程

執行役員インサイダー取引防止規程

（総　則）

第1条　この規程は、執行役員のインサイダー取引の防止について
　定める。

（基本的心得）

第2条　執行役員は、インサイダー取引はもとより、インサイダー
　取引の疑惑を受けるようなことをしてはならない。

（会社株式のインサイダー取引の禁止）

第3条、執行役員は、職務上知り得た会社の重要情報を利用して会
　社の株式を売買してはならない。

2　自己の名義での売買はもとより、家族、友人・知人の名義によ
　る売買もしてはならない。

（取引先株式のインサイダー取引の禁止）

第4条、執行役員は、職務上知り得た取引先の重要情報を利用して
　取引先の株式を売買してはならない。

2　自己の名義での売買はもとより、家族、友人・知人の名義によ
　る売買もしてはならない。

（重要情報の漏洩の禁止）

第5条　執行役員は、職務上知り得た会社および取引先の重要情報
　を業務に関係のない第三者に漏洩してはならない。

（事実関係の調査）

第6条　会社は、インサイダー取引の疑惑が生じたときは、直ちに
　事実関係を調査する。

（懲戒処分）

第7条　事実関係の調査の結果、インサイダー取引が行われたこと

が確認されたときは、当事者を懲戒処分に付する。

（付　則）この規程は、　年　月　日から施行する。

第16節

執行役員大地震対応規程

1　規程の趣旨

　関東でも関西でも、近い将来において大規模な地震が発生する可能性が相当に高いといわれています。不幸にして大規模な地震が発生した場合、会社は、社員の安全と生命を守るために最大限の努力を払う義務があります。

　会社は、大規模地震の発生に備え、業務の第一線の最高責任者である執行役員が取るべき対応を取りまとめておくことが望まれます。現実的で実効性のある対応策の取りまとめは、きわめて重要なリスクマネジメントです。

2　規程の内容

（1）避難の命令

　大規模地震が発生したときは、部下に対して、直ちに指定の避難場所へ避難することを命令します。

（2）部下の安否の確認

　避難場所において、部下が全員避難したかを確認し、その結果を会社の地震対策の最高責任者に報告します。

（3）職場への復帰

　地震が収束したと判断されるときは、部下に対して、職場への復帰を命令します。

（4）非常事態への対応

　次の場合には、会社の最高責任者との間で、その対応を協議しま

す。

① 降雨、寒冷等により、屋外での避難が困難になったとき

② 避難が夜間に及んだとき

③ 体調を崩す社員が出たとき

④ 職場の建物が損壊して入場することができないとき

⑤ その他、避難の継続または職場への復帰に問題の生じたとき

3 モデル規程

執行役員大地震対応規程

（総　則）

第1条　この規程は、勤務時間中に大規模な地震が発生したときの執行役員の取るべき対応について定める。

（基本的心得）

第2条　執行役員は、大地震が発生したときは、部下の安全と生命を優先させて意思決定をし、指示命令をしなければならない。

（避難命令）

第3条　執行役員は、直ちに部下に対して、会社指定の避難場所に避難するように命令する。

2　執行役員自身は、部下全員が避難を開始したことを見届けてから避難する。

（部下の安否の確認）

第4条　執行役員は、避難所へ到着したときは、役職者に対して、部下の安否を確認し、報告するように指示する。

（総務部長への報告）

第5条　執行役員は、役職者から部下の安否確認の報告を受けたときは、その内容を総務部長に報告する。

（地震情報等の収集）

第6条　執行役員は、避難中、ラジオ放送等により、地震情報、被災情報等の収集に努める。

2　必要と認めるときは、収集した情報を部下に発表する。

（職場への復帰命令）

第7条　執行役員は、大地震が一応収束したと判断したときは、部下に対して、職場への復帰を命令する。

2　職場への復帰は、安全を確認してから行う。

3　避難した部下の全員が復帰したときは、その旨を総務部長に報告する。

4　建物、機械設備、備品等に被害が生じているときは、その内容を総務部長に報告する。

（非常事態への対応）

第8条　執行役員は、次の場合には、その対応を総務部長と協議する。

(1)　降雨、寒冷等により、屋外での避難が困難になったとき

(2)　避難が夜間に及んだとき

(3)　体調を崩す社員が出たとき

(4)　職場の建物が損壊して入場することができないとき

(5)　その他、避難の継続または職場への復帰に問題の生じたとき

（執行役員の業務の代行）

第9条　執行役員を欠くときは、この規程に定める執行役員の業務は、その部門の筆頭役職者が代行する。

（付　則）この規程は、　年　月　日から施行する。

退任執行役員死亡弔慰金規程

1　規程の趣旨

　執行役員は、部門の最高責任者として会社の業績に貢献します。一般に、在任年数が長ければ長いほど、業績への貢献度が大きいといえます。

　長く執行役員を務めた者が退任後に死亡したときは、弔慰金を支給し、在任中の労に報いるのがよいでしょう。

2　規程の内容

（1）支給対象者の条件

　支給対象者については、

　　・執行役員の在任年数が一定期間以上であること

　　・死亡が退任後一定期間以内であること

とするのが現実的でしょう。

（2）死亡弔慰金の金額

　死亡弔慰金の金額を定めます。

3　モデル規程

退任執行役員死亡弔慰金規程

（総　則）

第1条　この規程は、退任した執行役員に対する死亡弔慰金の支給について定める。

（死亡弔慰金の支給）

第2条　会社は、在任期間が5年以上の執行役員が退任後10年以内に死亡したときは、死亡弔慰金を支給する。

2　死亡弔慰金は、50,000円とする。

（支給対象者）

第3条　支給対象者は、本人の配偶者とする。

2　配偶者がいないときは、喪主または年長者に支給する。

（所　管）

第4条　死亡弔慰金の支給は総務部の所管とし、その責任者は総務部長とする。

（付　則）この規程は、　年　月　日から施行する。

第 9 章

執行役員会

第1節

執行役員会規程

1　規程の趣旨

　執行役員は、特定の部門の業務を執行するという大きな責任と権限を有しています。会社（取締役会）としては、執行役員の業務執行を監督し、執行役員制度を適切に運営していくことが必要です。

　また、執行役員が相互に業務上の情報を交換することも必要です。他の部門から情報を入手することにより、自分の部門の業務を円滑に遂行することができるようになります。会社は、組織体ですから、部門ごとの情報交換はきわめて重要です。

　会社は、執行役員制度の適切な運営を図るため、執行役員で構成される会議を常設し、業務執行の報告、相互の情報交換などを行っていくのがよいといえます。

2　規程の内容

（1）会議の目的

　はじめに、執行役員会の目的を明確にします。一般的には、次のとおりとするのが適切でしょう。

- ・社長が執行役員から業務の執行状況の報告を受けること
- ・執行役員相互において情報交換を行うこと
- ・取締役会に対し、必要に応じ、経営政策、経営戦略を進言すること
- ・社長が執行役員に対し、取締役会の決定事項を伝達すること
- ・その他執行役員の業務執行に関すること

（2）会議の構成

　会議の目的を踏まえて、参加者を決めます。一般的にいえば、執行役員と取締役で構成することにするのがよいといえます。

（3）会議の種類

　執行役員会の種類は、次の2種類とします。

・定例執行役員会

・臨時執行役員会

（4）定例会議の開催頻度

　定例執行役員会の開催頻度を決めます。

　執行役員会の主な目的は、

・会社側（取締役会）として執行役員の業務報告を聴取すること

・取締役会の決定事項を執行役員に伝達すること

・執行役員相互の情報交換を行うこと

です。このような目的から判断すると、1ヶ月に1回程度開催することにするのが妥当でしょう。

（5）議長

　執行役員会の運営を効率的に行うため、執行役員会の議長を定めておきます。執行役員について、専務執行役員、常務執行役員、執行役員というように、役位を設けている場合には、専務執行役員が議長を務めます。役位を設けてないときは、執行役員歴が最も長い者が議長を務めます。

（6）議事録の作成

　執行役員会を開催したときは、議事録を作成します。

（7）事務局

　執行役員会の事務を執り行う部門を定めます。

3　モデル規程

執行役員会規程

（総　則）

第1条　この規程は、執行役員会について定める。

（目　的）

第2条　執行役員会の目的は、次のとおりとする。

　⑴　社長が執行役員から業務の執行状況について報告を受けること

　⑵　執行役員相互において情報交換を行うこと

　⑶　取締役会に対し、必要に応じ、進言すること

　⑷　社長が執行役員に対し、取締役会の決定事項を伝達すること

　⑸　その他執行役員の業務執行に関すること

（構　成）

第3条　執行役員会の構成は、次のとおりとする。

　⑴　執行役員

　⑵　社長、副社長、専務取締役

（業務報告）

第4条　執行役員は、執行役員会において、担当する業務の執行状況を報告する。

（情報交換）

第5条　執行役員は、執行役員会において、会社経営に関する情報を相互に交換し、業務の執行に役立てる。

（進　言）

第6条　執行役員会は、必要に応じ、あるいは取締役会の求めに応じ、取締役会に対し、経営政策、経営戦略を進言する。

（取締役会の報告）

第7条　社長は、執行役員会において、取締役会の決定事項を報告する。

（会議の種類）

第8条　執行役員会の種類は、次の2種類とする。

　(1)　定例執行役員会　第1月曜日（当日が休日のときは、その翌日）に開催する。

　(2)　臨時執行役員会　必要に応じ開催する。

2　執行役員は、執行役員会に出席できないときは、あらかじめ議長に届け出なければならない。

（議　長）

第9条　執行役員会の議長は、専務執行役員が務める。専務執行役員に事故あるときは、常務執行役員が務める。

（議事録の作成）

第10条　執行役員会を開催したときは、議事録を作成する。

2　議事録は、議長が指名した者が作成する。

（事務局）

第11条　執行役員会の事務は、総務課で執り行う。

（付　則）この規程は、　年　月　日から施行する。

様式　執行役員会議事録

執行役員会議事録

開催年月日	年　月　日（　）　時　分〜　時　分
出　席　者	

議事内容

取締役会の報告事項	① ②
執行役員の報告事項	① ② ③
意 見 交 換 事 項	① ②
合　意　事　項	
特　記　事　項	

経営戦略会議規程

1　規程の趣旨

　経営を取り巻く環境は、常に変化して止みません。消費者の意識は個性化・多様化するし、技術も進歩します。産業構造も高度化するし、国際環境も時々刻々と変化します。

　会社は、経営環境の変化の方向とそのスピードに敏感になると同時に、環境変化に柔軟に対応することが必要です。現状に甘んじたり、経済社会の変化から眼を逸らしたりすることは許されません。

　経営環境の変化の方向とそのスピードを敏感に察知し、環境変化に柔軟に対応することは、経営者の重要な任務です。また、経営環境の変化の方向とそのスピードを敏感に察知し、環境変化に柔軟に対応する会社が、いわゆる「エクセレントカンパニー」というのでしょう。

　経営環境の変化の方向とそのスピードを察知し、環境変化に柔軟に対応することは、本来的には、取締役の任務でしょう。しかし、取締役だけで議論するよりは、執行役員も交えて議論するほうがベターです。業務の第一線で指揮を取っている執行役員のセンスを反映させるほうがよいといえます。

　現場で活躍している執行役員の生きた意見を反映させることにより、現実的・効果的な経営戦略が構築されます。

　会社としては、取締役と執行役員から構成される「経営戦略会議」を立ち上げ、環境変化に対応した経営戦略を総合的・大局的にディスカッションし、計画的に実践に移していくことが望ましいでしょう。

2　規程の内容

（1）目的

会議の目的は、次のとおりとします。

・経営環境の変化について議論すること

・経営環境の変化に対応した経営戦略を議論すること

・経営戦略に対応した経営方針を議論すること

（2）構成

会議の目的は、これからの経営戦略、経営方針を議論することです。したがって、会議は、取締役および執行役員をもって構成することにします。

（3）取締役会の対応

取締役会は、会議において議論された内容を踏まえて経営方針を決定する旨定めます。

（4）会議の開催

会議の開催頻度を定めます。一般的にいえば、おおむね3ヶ月に1回程度の割合で開催するのが妥当でしょう。

（5）議長

会議は、会社にとってきわめて重要な事項を議論します。したがって、議長は社長が務めます。社長に事故あるときは、副社長が務めます。

（6）議事録の作成

会議を開催したときは、議事録を作成します。

（7）事務局

会議の事務を執り行う部門を定めておくのがよいといえます。

3　モデル規程

経営戦略会議規程

（総　則）

第1条　この規程は、経営戦略会議（以下、単に「会議」という）について定める。

（目　的）

第2条　会議の目的は、次のとおりとする。

(1)　経営環境の変化について議論すること

(2)　経営環境の変化に対応した経営戦略を議論すること

(3)　経営戦略に対応した経営方針を議論すること

（構　成）

第3条　会議の構成は、次のとおりとする。

(1)　取締役

(2)　執行役員

（取締役会の対応）

第4条　取締役会は、会議において議論された内容を踏まえて経営方針を決定する。

（会議の開催）

第5条　会議は、おおむね3ヶ月に1回の割合で開催する。

（議　長）

第6条　会議の議長は、社長が務める。社長に事故あるときは、副社長が務める。

（議事録の作成）

第7条　会議を開催したときは、議事録を作成する。

（事務局）

第8条　会議の事務は、総務課で執り行う。

（付　則）この規程は、　年　月　日から施行する。

様式　経営戦略会議議事録

経営戦略会議議事録	
開　催　年　月　日	年　月　日（　）　　時　分〜　時　分
出席者（取　締　役）	
出席者（執行役員）	

議事内容	
協　議　事　項	① ② ③ ④
特　記　事　項	

【著者紹介】

荻原　勝（おぎはら　まさる）

東京大学経済学部卒業。人材開発研究会代表。経営コンサルタント

〔著書〕

『多様な働き方に対応した労使協定のつくり方』、『選択型人事制度の設計と社内規程』、『コロナ禍の社内規程と様式』、『残業時間削減の進め方と労働時間管理』、『就業規則・給与規程の決め方・運用の仕方』、『働き方改革関連法への実務対応と規程例』、『人事考課制度の決め方・運用の仕方』、『人事諸規程のつくり方』、『実務に役立つ育児・介護規程のつくり方』、『人件費の決め方・運用の仕方』、『賞与の決め方・運用の仕方』、『諸手当の決め方・運用の仕方』、『多様化する給与制度実例集』、『給与・賞与・退職金規程』、『役員・執行役員の報酬・賞与・退職金』、『新卒・中途採用規程とつくり方』、『失敗しない！新卒採用実務マニュアル』、『節電対策規程とつくり方』、『法令違反防止の内部統制規程とつくり方』、『経営管理規程とつくり方』、『経営危機対策人事規程マニュアル』、『ビジネストラブル対策規程マニュアル』、『社内諸規程のつくり方』、『改訂版執行役員制度の設計と運用』、『個人情報管理規程と作り方』、『役員報酬・賞与・退職慰労金』、『取締役・監査役・会計参与規程のつくり方』、『人事考課表・自己評価表とつくり方』、『出向・転籍・派遣規程とつくり方』、『IT 時代の就業規則の作り方』、『福利厚生規程・様式とつくり方』、『すぐ使える育児・介護規程のつくり方』（以上、経営書院）など多数。

改訂版　執行役員規程とつくり方

2004年10月5日　第1版第1刷発行
2023年8月10日　第2版第1刷発行

定価はカバーに表示してあります。

著　者　荻　原　　　勝
発行者　平　　　盛　之

㈱産労総合研究所
発行所　出版部　経　営　書　院

〒100-0014
東京都千代田区永田町1―11―1　三宅坂ビル
電話03(5860)9799
https://www.e-sanro.net

印刷・製本　中和印刷株式会社

ISBN978-4-86326-364-2 C2034